Oberschwaben

Behüt dich Gott, schöne Gegend

Oberschwaben

Behüt dich Gott, schöne Gegend

Werner Dürrson Peter Horlacher

STADLER

Verlag Stadler

Impressum

Stadler Verlagsgesellschaft mbH, Konstanz 1994

Fotografie und Gesamtgestaltung: Peter Horlacher

Satz: Hissek Satz & EDV, Konstanz
Reproduktionen: Brüllmann GmbH + Co, Stuttgart
Druck: Gerstmayer Offsetdruck, Weingarten
Bindearbeiten: Moser GmbH & Co. KG, Ravensburg

ISBN 3-7977-0124-1

Inhalt

Von oben herab

Von oben herab, gewissermaßen vom Himmel aus gesehen, bietet Oberschwaben ein Bild weiträumiger, still in sich ruhender Landschaft. Im Norden vom Albtrauf begrenzt, dem entlang die Donau fließt, der »melodische Strom«; im Süden flankiert von der Alpenkette, vor der sich das ursprüngliche Seebecken mit dem Bodensee hinstreckt; im Osten der Verlauf der Iller als natürliche Grenze zu Bayern; während nach Westen, zum Neckarland hin, die naturgegebene Markierung versagt. Wo Hohenzollern beginnt, ist jedenfalls von oben gesehen nicht auszumachen. Oberschwaben: Das Wolkengeschehen, wenn der Tag heiter ist, streicht mit seinen Schatten sanft drüberhin, ohne Kenntnis von Grenzen, zieht, der Donau gleich, mit Vorliebe ostwärts.

Näher besehen: Die Moränenlandschaft da drunten, Überbleibsel der letzten Eiszeit, scheint weder lieblich noch herb, weder steinig noch ziergartenhaft, ein Hügel besänftigt den andern; Felder, Wiesen, Wälder und Auen, Moore und Weiher strukturieren die durch Flüsse geschaffenen natürlichen Gliederungen: durch Riß und Rot, die der Donau zufließen, Schussen und Argen, die zum Bodensee hasten; hier auf der europäischen Wasserscheide liegen die Zuflüsse zu Nordsee und Schwarzem Meer nur wenige Meter auseinander. Straßen und Wege schmiegen sich Hügeln und Tälern an, bilden ein eher weitmaschiges Netz; kein Gitter wie anderswo, das die Landschaft brutal in den Griff nimmt. Soweit nicht Ebenen und Felderwirtschaft zu künstlicher, »maschinengerechter« Geradlinigkeit verführten...

Blick vom Hauptturm des Ulmer Münsters
View from the main tower of the cathedral in Ulm
Vue de la tour principale de la cathédrale d'Ulm

Dächer in Biberach
Roof tops in Biberach
Toits à Biberach

»Von oben herab«: Plastik des Erzbischofs Conrad Gröber
"Looking down": sculpture of the Archbishop Conrad Gröber
«De haut en bas»: Sculpture de l'archevêque Conrad Gröber

Hinter uns die eintönigen Kies- und Schotterterrassen um Ulm, vor dem Illerabbruch. Südwärts steigen die Moränen stufig an zum Waldburgrücken, über dem Durchbruchstal der mäandernden Wolfegger Ach, abflachend ins Wurzacher Becken; schließlich mit ihren Einödhöfen die immer kleinteiliger werdende Kuppenlandschaft der Drumlins bis hin zu den Allgäuer Alpen mit ihren schroffen Tobeln und den offenliegenden Steilhängen der wilden Argen. Westlicher dann die Flächen fruchtbaren Acker- und Weidelands; gegen Ravensburg Obstgärten, die jetzt Plantagen sind mit »pflückgerechtem« Niederbestand, und die rechteckigen Hopfenfelder. Da und dort Kühe. Zur Mitte hin, jenseits der Hoch- und Niederterrassen zwischen Rottum und Riß die schwarzerdigen Moor- und Riedflächen mit ihren verlandenden Seen und Teichen (nicht zu verwechseln mit den vielen Kiesgrubengewässern). Die Wälder, dunkle Inselketten, rhythmisieren die Weite.

Natur scheint hier noch am Platz. Die Haufendörfer der nördlichen Hälfte locker verteilt, im Süden vermehrt Streusiedlungen, die paar Reichs- und Landstädte halten Abstand zueinander, haben alten Kern und festen Umriß, auch wenn sie, wie Ravensburg, Ulm oder Biberach, mit ihren Industrien bis in Gemarkungen benachbarter Orte ausufern; im unteren Schussental, zwischen Baienfurt und dem unsäglichen Friedrichshafen, zieht sich sogar ein Siedlungs- und Industrieband hin.

Die Kirchtürme übrigens, diese besonderen Vermittler zwischen Unten und Oben, wirken aus der Ferne keinesfalls aufdringlich, selbst die des Ulmer Münsters nicht, so wenig wie die barocken Pracht- und Machtbauten, ob Weingarten, Ochsenhausen oder Obermarchtal; auch die Adelssitze, samt ihren umliegenden Immobilien, deren Dächer sich, glaubt man dem Herrn von Waldburg-Wolfegg, gelegentlich nach Hektaren messen lassen, sind von oben gesehen zu verkraften, der Himmel ist großzügig. Magischer wirkt, im nördlichen Teil der gesprenkelten Landeshaut, vor der waldreichen Hügelkette ums Quellgebiet der Schussen, das flache Auge des Federsees, dessen Blick sich dem Himmel unentwegt stellt. Zwar nur noch ein Rest, die Lidschatten wachsen, die Ortschaften rings hatten ursprünglich durchaus ans Wasser gebaut, und Buchau lag mittendrin.

Noch etwas nördlicher, kurz bevor sich die Donau, um zweitgrößter Strom Europas zu werden, in schönen Schleifen ulmwärts durchs Tal windet, wird die Landschaft wieder gewellter, Schloß Neufra mit seinem hängenden Garten ist auszumachen, und – daß wir ihn nur nicht übersehen von oben: inmitten einer in zehntausend Rechtecke zerschnittenen, sommers goldbraunen Ackerflur liegt, unter Bäumen versteckt, der Bussen, Oberschwabens »heiliger Berg«.

Auch perspektivisch gesehen ein Kapitel für sich. Ehmals »Pusso« genannt, dann »Busso«, erotischer Name, fernab von Büßen; eigentlich müßte er »Busen« heißen, aber das wäre vollends gegen die Frömmigkeit. Warum nicht »Marienbusen«? (Ich gebe das Wort frei, dem Tourismus zuliebe.) Mit ganzen 767 Metern Höhe über N.N. erhebt er sich aus der Donauniederung, gar nicht markant, die Umgebung nur gering überragend, kein Berg, ein Hügel viel eher, ein Busenhügel, nicht nackt, vielmehr keusch bemäntelt von Wald, je nach Standort des Betrachters mehr kegelförmig hingelagert oder nahezu flach, manchmal eher männlich, majestätisch-dominant, aus westlicher Sicht fast wollüstig vom kecken Turm der Wallfahrtskirche durchstoßen. Seit uralter Zeit erhebt dieser Proteus aus Molasse und drüber Süßwasserkalk die Gemüter. Legenden und Sagen weisen auf seine Bedeutung schon bei den Kelten und Alemannen. Nicht nur den zahllosen Wallfahrern verspricht das Ersteigen überirdischen Lohn: Fast 500 Siedlungen streift bei klarem Wetter der Blick; Föhn stellt das ganze Alpenpanorama vor den Südhorizont. Die Fußspitzen berühren den Himmel. Und drunten richten sich nicht wenige Kirchen, Friedhöfe, Dörfer nach ihm aus; auch Klostertore, Heiligkreuztal zum Beispiel.

Blick ins Pfrungener Ried
View of the Pfrungen marshes
Vue sur le marais de Pfrungen

Unterm Bussen
At the foot of the Bussen hill
Sous le Bussen

Von unten gesehen, gleichviel, ob einer zufüßen des Bussen den Boden betritt, bei Boms oder Grünkraut, Bad Wurzach oder Steinhausen: Diese Landschaft, gar nicht so flach, hat besonders viel Himmel, das fällt sofort auf, und wie tief er herabreicht! Der Dialog zwischen Oben und Unten scheint hier, heute wie vorgestern, besser zu funktionieren als anderswo. Weshalb auch der »heilige Berg« so niedrig sein darf. Wo du gehst und stehst, winkt von fern ein Kirchturm dem andern. Hier kann sich wirklich keiner verlaufen. Noch im flurbereinigtsten Landstrich manifestieren Feldkreuze, Bildstöcke und Kapellen allenthalben die Verbindung zum ohnehin greifbaren Himmel, zwar weniger bunt als in Bayern, dafür um so getroster, habhafter. Nicht zu reden von den barocken Attraktionen, die den Himmel mit allen Mitteln der Kunst vollends herunterholen. In diesem Sinn, und nicht nur geographisch, ist Oberschwaben eine Steigerungsform. Ansonsten wirkt wohltuend, daß seine Schönheit so still ist und nicht kokettiert, sich nicht anbiedert oder andauernd gelobt werden will wie etwa der Schwarzwald oder die Bodenseegegend.

Manche, nur auf der Durchfahrt, wollen es sachlich, bitte sehr: Fast eine Million Menschen auf nahezu 7000 Quadratkilometern; verteilt zu je einem Drittel auf die vier Städte Ulm, Friedrichshafen, Ravensburg und Biberach, auf zwei Dutzend Klein- und Landstädte und etwa 400 (oft durch die Gemeindereform entkernte) Dörfer; in denen, trotz fatal abnehmender Bauernschaft, das Vieh, alles in allem, noch immer die Mehrheit hat (ohne Stimme).

Eine eher modeste Gegend? Man täusche sich nicht. Sebastian Sailer, der Prämonstratensermönch und Poet aus dem Kloster Obermarchtal, lokalisierte in seiner »Schwäbischen Schöpfung« von 1743 hier das Paradies! Wer bescheiden abwinkt, und mancher von hier ist da rasch bei der Hand, der mag staunen, wenn er erfährt, wie überaus »international« Oberschwaben von Anfang an war, seit der Völkerwanderungszeit! Seine Geschichte, samt Klöstern, Kunst, Kultur und Handel, bis in die Gegenwart, ist voller transkontinentaler Einflüsse und stellt sozusagen den Überbau seiner Bodenständigkeit dar. Davon im folgenden.

Will einer für die Entstehung dieses so gesegneten Landstrichs nicht kurzerhand »Gott in Oberschwaben« verantwortlich machen wie Sailer, so muß er die historische Phantasie bemühen; da bleiben, schon was die Herausbildung dieser Voralpenlandschaft im Tertiär angeht, noch Wunder genug: War doch alles von Meer überflutet, bevor, gegen Ende des Erdmittelalters, der Meeresboden sich hob, Gebirge sich formten und sich hierzuland eine riesige, weiterhin überflutete Senke bildete. Viermal haben die aus den Alpen vorstoßenden Gletscher ihr Geröll in Richtung Donau geschoben, mit ihren Schmelzwassern breite Talsohlen zwischen Moränenhügeln und Schotterfluren ausgeschwemmt, wovon die vielen Seen, Teiche und Moore noch heute zeugen. Der letzte Gletschervorstoß in der Würmeiszeit vor etwa 25 000 Jahren kam dann nur noch bis zur Mitte Oberschwabens voran. Er hinterließ die Jungmoränenlandschaft im südlichen Teil und den Höhenrücken, der seither die Wasserscheide bildet zwischen Donau und Rhein. Die Zeit danach: eine Art Tundra, mit Wärmeeinbrüchen, fliegenden Samen, keimenden Wäldern, bald auch Tieren und – woher nur? – Menschen. Die gigantische Dramaturgie der Vorzeit hat das Land günstig gestaltet; zusammen mit dem, was die Menschen draus machten, wirkt es annähernd beschaulich.

Tiefer gesehen: Als um die Mitte des vorigen Jahrhunderts im südlichen Federseemoor, dem Steinhauser Ried, zum Abbau von Torf der Grundwasserspiegel abgesenkt wurde, hatte dies einen Rückgang der Schüttungsmenge der benachbarten Schussen-Quelle zur Folge. Weshalb der dortige Müller 1866 auch die Quelle um beinah fünf Meter absenkte... Dabei stieß er auf eine schwarze Schlammschicht, die – sieht man von Funden in Frankreich ab – erstmals überzeugend die Anwesenheit des eiszeitlichen Menschen in Mitteleuropa offenbarte: Rentierknochen, Knochen von Wildpferd, Bär, Eis- und Rotfuchs, Hase, Luchs, Vielfraß und Wolf, sowie Reste von Vögeln, Fröschen, Fischen fanden sich neben zugerichteten Feuersteinen und Feldsteinen zum Zerklopfen von Knochen. Abfallgrube einer Jägerhorde, die sich zwischen 20 000 und 10 000 v. Chr., gegen Ende der älteren Steinzeit, an der Endmoräne niedergelassen hatte. Andernorts, im nahen Schussenried, wurden Elchskelette ausgegraben. Man bemerkt: Die Schöpfung war ziemlich vollzählig und auch schon ziemlich gefährdet.

In der mittleren Steinzeit, bis gegen 5000 v. Chr., setzte die Verlandung der Eiszeittümpel ein. Etwa hundert Lagerplätze konnten rund um den größten, den Federsee, ausgemacht werden. Aus der jüngeren Steinzeit sind in den Moordörfern nicht nur verfeinerte Pfeil- und Harpunenspitzen sowie geschliffene Steinbeile gefunden worden, sondern auch schon strichband- und furchenstichverzierte Gefäße: Mit Zeichnung und Ornament kam das auf, was sich Kunst nennt und Nützlichkeit adelt. Hinweis zugleich, daß der Jungsteinzeitmensch auch hierzuland über den bloßen Existenzkampf hinaus war und, über Magie und Kult, ästhetischen Sinn entwickelte.

Bald hernach, und zumal in der Bronzezeit, entstanden Kernsiedlungsräume, wie die ausgehobenen Reste der Moordörfer im Umkreis von Bad Buchau, in Schorrenried und auf einer Verlandungszunge des Schreckensees bei Weingarten beweisen. Auf holzbohlenbefestigtem Untergrund, hinter aufwendigem Bollwerk verschanzten sich etwa die Bewohner der Buchauer »Wasserburg«, die mit ihrem mehrfach hintereinandergestaffelten Palisadensystem 17 000 Quadratmeter einnahm. Eine Festung, deren Baubeginn (laut

Jahresringmessung) aufs Jahr 1767 v. Chr. zurückgeht. Dabei wurden Zehntausende von Eichenstämmen – urdeutsche Eiche! – verbaut und holztechnisch raffiniert bearbeitet. In einer zweiten Bauphase der benachbarten Moorsiedlung war dann Eiche bereits Mangelware; weniger stattliche Eschen und Ulmen mußten genügen...

»Ganz Oberschwaben freut sich«, meldete am 15. Oktober 1937 das Friedrichshafener Tagblatt. Anlaß der Hochstimmung war der Besuch des NS-Reichsleiters Alfred Rosenberg in Buchau. Die Synagoge stand noch. Der Chefideologe gab den vorgeschichtlichen Pfahlbauten der Region die Ehre. Auf einer Tagung wurden sie als »unwiderleglicher Beweis für das hohe Alter der deutschen Kultur« gefeiert. Die stein- und bronzezeitlichen Hinterlassenschaften, so hieß es, zeigten »die rassisch-blutmäßige und technische Überlegenheit der nordischen Menschen: Die Meister saßen bei uns, nicht bei den anderen.« Als »ureigene Sache der Bewegung« geriet die Erforschung der Pfahlbauten damals fest in Nazi-Hand und mit dem Ende des Dritten Reichs deshalb ins wissenschaftliche Abseits. Neuerdings setzt begründete archäologische Torschlußpanik Gelder frei, um – im Wettlauf mit der Asphaltierung oder Zubetonierung der Restnatur – letzten Einblick zu nehmen in die Anfänge einer Kulturlandschaft, die sich vor etwa 7000 Jahren mit Waldrodung und Beackerung ihre Grundlagen schuf. War das der ökologische Sündenfall? Nomaden, Jäger und Sammler, die hatten noch im Einklang mit der Natur gelebt, als ein Teil von ihr; Bauern und Hirten aber wollten sie beherrschen und brachten in Gang, was die heutige Endzeitgesellschaft glaubt noch bremsen zu können. Inzwischen bewegen sich Geschichte und Naturgeschichte spitz aufeinander zu – so gesehen geschieht auch in Oberschwaben jetzt Weltgeschichte.

Mit der Rodung der Wälder für Äcker und Weideland wurden die Pflanzengesellschaften zerstört, wurde »Unkraut« bekämpft, wurden Kräuter begünstigt und auch schon gezüchtet. Die Tiere, soweit nicht gezähmt und durch Zucht entfremdet – Torfrind, Schaf, Pferd, Hund – verloren vor Ort zunehmend ihre Lebensgrundlage, wurden vertrieben oder ausgerottet. Mit heute verglichen, alles im kleinen, versteht sich. Schon damals waren die Böden bald ausgelaugt, wurden unfruchtbar, mußten vertauscht werden gegen neu gerodete Flächen, und »im kleinen« hat die Plünderung des Urwalds um den Federsee schon damals Bodenerosionen, Grundwasserspiegelsenkungen und Klimaveränderungen herbeigeführt – und: Überschwemmungen, die dann Evakuierung und Neuansiedlung erzwangen. Schon gab es in den Dörfern Arbeitsteilung und Spezialisierung, soziale Unterschiede bildeten sich heraus und Sippenverbände, die Zellen waren für Großbetriebe. Das zielte, gar nicht utopisch, zur Stadt; anders gesagt: in unsere Gegenwart, die, glaubt man Konrad Lorenz, menschlich gesehen sehr altmodisch ist: »... die Triebausstattung des Menschen hat sich seit der jüngeren Steinzeit nicht geändert – und wir werden von Steinzeitmenschen regiert.«

»Schriftlich« wurde das Bauernland erst spät, auch wenn viele Flur- und Flußnamen (die Donau zum Beispiel) keltischen Ursprungs sind. Um 15 nach Christus eroberten die Römer unter Augustus das Alpenvorland und errichteten ihre »Provincia Rhaetiae sive Vindeliciae«. Um 260 n. Chr. durchbrachen dann die Alemannen den römischen Grenzwall und gelangten zu Donau, Riß und Iller. Sie gerieten später in die Abhängigkeit des Merowingerkönigs Chlodwig und wurden ins fromme Frankenreich eingegliedert. Das brachte die Missionierung durch fränkische und irische Wanderprediger wie Columban, Gallus und Pirminius. Die vielen Kirchen von Altheim bis

Einbaum vor dem Federsee-Museum
A canoe in front of the Federsee museum
Pirogue devant le musée du Federsee

Leutkirch und Ravensburg, die Sankt Martin, den Lieblingsheiligen der Franken, zum Patron haben, erinnern gleich den Martinimärkten und Martinsumzügen noch heute daran. In der ersten Hälfte des 8. Jahrhunderts sind die Alemannen in unserem Raum weitgehend christianisiert, und der Adel ist zu Stiftungen aufgerufen. Internationalität und Ausländertum waren im Heiligen Römischen Reich gang und gäbe.

Die aus fränkisch-lothringischen und italienisch-langobardischen Häusern stammenden Welfen übernahmen das alemannische Erbe, erwarben Reichsgüter im Schussental, gründeten das Benediktinerkloster von Altdorf (Weingarten) und hielten hof auf der Veitsburg bei Ravensburg. Der letzte, der hier residierte, Welf VI., galt als besonders kunstsinnig und als Freund der Minnesänger; Walther von der Vogelweide preist ihn mehrfach in seinen Dichtungen. Als Welfs einziger Sohn 1167 starb, kaufte Kaiser Friedrich I. Barbarossa den gesamten welfischen Besitz in Schwaben; damit kamen die Staufer ihrer Italienpolitik auch geographisch näher. Aber mit dem Zerfall ihrer Reichsmacht war der Traum von der Einheit des alten Herzogtums Schwaben ausgeträumt, und die Stunde des niederen Adels kam, der ehemaligen Ortsherren und Ministerialen der Welfen und Staufer, und damit die territoriale Zersplitterung. Oberschwaben wurde Provinz.

Bei Wangen
Near Wangen
Près de Wangen

Steinkreuze bei Vogt. Zur Erinnerung an den 30jährigen Krieg
Stone crosses near Vogt. In memory of the 30 year war
Croix de pierre près de Vogt. En commémoration de la guerre de Trente Ans

Am Bussen
On the Bussen hill
Sur les pentes du Bussen

Wegkreuz bei Zwiefaltendorf
Wayside cross near Zwiefaltendorf
Croix près de Zwiefaltendorf

Blick zum Illmensee
View towards the Illmensee lake
Vue sur le lac Illmensee

Alpenblick bei Kofeld
View of the Alps near Kofeld
Vue sur les Alpes près de Kofeld

Der Kirchturm von Zwiefaltendorf
The church tower in Zwiefaltendorf
Le clocher de l'église de Zwiefaltendorf

Bei Immenried
Near Immenried
Près d'Immenried

Bildstock bei Unterschwarzach
Wayside shrine near Unterschwarzach
Tableau sculpté près de Unterschwarzach

Zwischen Himmel und Erde
Where the sky meets the earth
Entre ciel et terre

Kuhblick . . .
Cow's view . . .
Perspective d'une vache . . .

. . . vom Höchsten
. . . from the Höchsten hill
. . . du haut du Höchsten

Die Donau bei Untermarchtal
The Danube near Untermarchtal
Le Danube près de Untermarchtal

Blick von der Stadtkirche auf Biberach
View of Biberach from the town church
Vue du haut de l'église de la ville sur Biberach

Brunnenfigur auf dem Biberacher Marktplatz
Sculpture on the fountain in the market place in Biberach
Sculpture appartenant à la fontaine sur la Place du Marché de Biberach

Wasserspeier am Ulmer Münster
Gargoyle on Ulm cathedral
Gargouille de la cathédrale d'Ulm

In den Himmel gehoben

Der geistlichen Beackerung Oberschwabens dienten schon früh die Klöster, von Anfang an durch Zuweisung von Land gefördert und mit »frommen Stiftungen« bedacht. Um 770 war das Kloster Marchtal gestiftet worden vom Grafengeschlecht der Alaholfinger, um 820 von Ludwig dem Frommen das spätere Adelsdamenstift Buchau im Federsee; eine Gönnerin, die Gräfin Adelindis, hinterließ dem Stift, lesen wir, zwölf große Meierhöfe. Das 11. Jahrhundert hatte im Gefolge der cluniazensischen Reformbewegung eine Blütezeit des Klosterlebens gebracht, mit vielen weiteren Gründungen. Zu den Benediktinern waren die weißgewandeten Prämonstratenser gekommen und die Zisterzienser. Dem von Welf IV. gegründeten Benediktinerkloster, das Weingarten bald zum weitberühmten Wallfahrtsort machte, folgte um 1085 Buchhorn im heutigen Friedrichshafen; 1089 stifteten die Grafen von der Achalm das tief im Tal versteckte Kloster Zwiefalten, und die Herren von Wolpertswende das Kloster Ochsenhausen. Außer dem Frauenkloster Hofen am Bodensee entstand 1093 das Kloster Wiblingen, eine Stiftung der Grafen von Kirchberg. Alle wollten sie selig werden, die weltlichen Herren.

Im 12. Jahrhundert folgte, angeregt durch die von Hirsau fortgeführten Erneuerungsbewegungen, das Zisterzienserkloster in Salem (1134); die Prämonstratenser, die ihre Hauptaufgabe in der Betreuung des Volkes sahen, gründeten Klöster in Rot an der Rot und Weißenau (1145); von Rot aus wurde auch Obermarchtal übernommen, mit bald

Agnellus Schneider, der »Vogelpater« vom Salvator-Kolleg Bad Wurzach
Agnellus Schneider, the "Bird Father" of the Salvator college in Bad Wurzach
Agnellus Schneider, le «Père aux oiseaux» au Salvator-Kolleg (collège du St-Sauveur) à Bad Wurzach

Kapuzinerpater Leutfried Heck von St. Christina in Ravensburg
Capucin Father Leutfried Heck of St. Christina in Ravensburg
Le Père Capucin Leutfried Heck à l'église Ste-Christine de Ravensburg

An Fronleichnam in Biberach oder sonstwo
At the Feast of Corpus Christi in Biberach or anywhere else
Le jour de la Fête-Dieu à Biberach ou ailleurs

Pater Dr. Bernhard Eisele gibt Latein im Salvator-Kolleg Bad Wurzach
Father Dr. Bernhard Eisele gives a latin lesson in the Salvator college in Bad Wurzach
Le Père Bernhard Eisele enseigne le latin au Salvator-Kolleg (collège du St-Sauveur) à Bad Wurzach

machtvollem Abt und Konvent, und 1183 Schussenried. Vögte nahmen für die Orden die Rechte wahr, Meier und Keller die Verwaltung. Das von Altheimer Schwestern gegründete Heiligkreuztal stammt aus dem Jahr 1227; auch die weiteren Zisterzienserinnenklöster – Wald bei Pfullendorf, Baindt bei Ravensburg, Heggbach bei Biberach sowie Gutenzell – stammen aus dieser Zeit. Wo immer sie konnten, legten die Mönche und Nonnen ihre Güter durch Tausch, Kauf und Verkauf so zusammen, daß ein eigener großer Wirtschaftshof entstand und die Bauern Eigenleute des Klosters wurden. Das konnte mit ganzen Dörfern geschehen, unrühmlich als »Bauernlegen« geläufig. In den Städten übernahmen die Bettelmönche, Franziskaner und Dominikaner, die Betreuung der Gläubigen, in Waldsee waren es Augustiner-Chorherren.

Zumal die Zisterzienser – und Zisterzienserinnen – haben sich um die Erschließung öden Landes, um Rodung und Kultivierung bemüht, die benediktinische Regel des »ora et labora« handfest erneuernd. Im moorigen Oberschwaben hieß das auch weiterhin: Entsumpfung. Zumindest bis zum Aufkommen des Ritterstands und der Städte, bevor die Orientation verweltlicht wurde, bildeten die »heiligen Orte« ein regelrechtes Wegzeichensystem, waren die Orden Zentren geistiger Ausstrahlung, oft alleinige Träger der Erziehung, Bildung, »Kultur« und Kunst, später auch – bei aller Abwehr »ketzerischer« Aufklärung – der jungen Naturwissenschaften. So die Benediktiner in Ochsenhausen, das unter Joseph II. zu einem wichtigen Zentrum wurde für Mathematik und Astronomie, Geologie, Chemie, Physik und Medizin. Die fundamentale Freundlichkeit der Klöster hellte die Landschaft auf, bot Zuflucht und Schutz, lebte Friedfertigkeit vor unter einem befestigten Himmel.

Von den Klosterschätzen hat manches die Zeit überdauert: Buchmalerei von der Reichenau her in Weingarten und Zwiefalten, Skulpturen, Barockgemälde, Reliquiare, Kruzifixe, liturgische Geräte wie Gold- und

Silberkelche, Ziborien, Lavabo-Sets, Rauchfässer, höchst preziöse Paramente – Caseln, Dalmatiken, Rauchmäntel, Mitren – Pontifikalschuhe, dazu Meßbücher in Pergament, barocke und klassizistische Paramentschränke, wie sie das Klostermuseum in Bad Schussenried speichert. Wer hat das alles bezahlt? Von wessen Geld – in Zeiten der Armut und Bettelei? Die schweren Brokate und Goldstickereien – schiere Lebenswerke – sind Handarbeit geduldreicher Nonnen. Nach 1803 mußten die Schussenrieder allerdings ihre Gläubiger abfinden; weshalb sie alle Bücher der kostbaren Bibliothek an einen Stuttgarter Antiquar verkauften. Die des Klosters Obermarchtal ging ans Haus Thurn und Taxis über. Während die Zwiefalter Bücherschätze kurzerhand in die neue Landeshauptstadt abtransportiert wurden; wobei manche, ob ornamentiert und in Pergament oder nicht, unterwegs zum Auffüllen der Schlaglöcher gut genug waren...

Soweit nicht Psychiatrien – wie Zwiefalten oder Schussenried, Heggbach, Liebenau oder Weißenau –, sind die meisten Klöster, wenn auch angepaßt an die Bedürfnisse der Zeit, zum geistlichen Leben zurückgekehrt und setzen, wie Wald, Baindt oder Reute, ihre Schultradition fort oder treiben – wie Untermarchtal oder Heiligkreuztal (Stefanusgemeinschaft) – geistlich orientierte Öffentlichkeitsarbeit.

Wie oberschwäbisch ist die Kunst in Oberschwaben? Schroffes fehlt ebenso wie Dramatisches, Plattes wie Liebliches: Wer die Hügel und Mulden, Mäander und Schluchten, Bussen und Busenberge der Gegend mit dem ästhetischen Auge betrachtet, dem könnten diese Ausbildungen der jüngeren Eiszeit als schiere Vorformen des Barock erscheinen, jener im späten 17. Jahrhundert bis ins Bauern- und Klosterland vorgedrungenen Kunst der Gegenreformation, mit der es seit einigen Jahrzehnten geradezu identifiziert wird. Indessen haben diese Pracht- und Machtbauten vieles vordem Geschaffene zerstört, überwuchert, verdrängt.

Da sind, in die Museen verbracht, die frühesten Kunstzeugnisse: die der eingewanderten Kelten und Alemannen; verzierte

Rot an der Rot
Rot on the Rot
Le village de Rot sur la Rot

Pfarrkirche St. Johannes Baptist in Baindt
The parish church of St. John in Baindt
L'église paroissiale St-Jean Baptiste à Baindt

Werkzeuge und Schmuckgegenstände, wie sie die Gräber der Heuneburg oder die Moordörfer bargen. Reste romanischer Sakralkunst finden sich in Bad Buchau (dreischiffige Krypta) und Kappel (Wandmalereien der Reichenauer Schule im ehemaligen Ostchor der Pfarrkirche); das Münster von Bad Schussenried enthält als Kern des schmalen Langhauses eine romanische Basilika des 12. Jahrhunderts. Ursprünglich romanisch ist auch St. Dionysius in Munderkingen; romanisches Raumgefühl vermitteln die ehemalige Abteikirche der Zisterzienserinnen in Baindt, St. Gagolf in Wolpertswende und die Kapelle St. Leonhard in Gaisbeuren. Ein erstaunliches romanisches Kruzifix beherbergt die Kreuzkapelle in Saulgau.

Die Gotik faßte spät Fuß, erfuhr aber in der seit 1274 freien Reichsstadt Ulm über ein Jahrhundert lang ihre oberschwäbische Blüte; zugleich wird das bislang anonyme Kunstschaffen namhaft. Die Baumeister- und Steinmetzfamilie der Parler bestimmte seit 1377 die erste Bauperiode des Ulmer Münsters; dessen Anlage aber erst in der zweiten, seit 1391, unter Ulrich von Ensingen ins Gigantische ausgriff. Was von der Spätgotik übrigblieb, ist, sieht man von etlichen Altären und vom reichen Innern der Saalkirche in Ennetach ab, ohnehin nur in den reichsfreien Städten zu finden, in denen das Barock nicht zum Zug kam. Für eine Abteikirche überdimensional war die 1489 bis 1495 unter Abt Simon Lengenberger erstellte gotische Basilika in Ochsenhausen, nach dem Vorbild des Ulmer Münsters. Eins der raren gotischen Glasfenster aus dem frühen 14. Jahrhundert ist das Chorfenster der Klosterkirche in Heiligkreuztal, die auch eine schöne Christus-Johannes-Gruppe von 1312 beherbergt.

Für die Plastik des 15. Jahrhunderts steht die Werkstatt des aus Reichenhofen im Allgäu stammenden, 1467 in Ulm gestorbenen Hans Multscher mit seinem Realismus, wie er sich im »Schmerzensmann« von 1429, am Hauptportal des Ulmer Münsters, ausdrückt. Der Schreiner, Bildschnitzer und Bildhauer Jörg Syrlin d. Ä. – ein Einheimischer – setzte die Tradition der Ulmer Plastik fort und schuf – bereits unter humanistischen Einflüssen – die unvergleichliche Galerie des Münster-Chorgestühls; zweireihig mit hoher Rückwand und Baldachinen, klar gegliedert und mit lebensnah geschnitzten 18 Wangenbüsten von ganz unchristlich-antiken Philosophen, Dichtern und Sibyllen, die das Heil voraussagen, und 91 Reliefbüsten auf den Rückwänden und Wimpergen: von Propheten, Aposteln und Märtyrern, die es bezeugen. Syrlins Sohn führte die Werkstatt weiter (Chorgestühl in Oberstadion, Zwiefaltendorf, Ennetach). Von den Madonnenskulpturen jener Zeit – überhaupt: Marien in Oberschwaben! – ist die naiv-suggestive Gruppe der »Trauernden Frauen« von Buchau (um 1430) besonders eindrücklich.

Auch die Malerei, wiederum angeführt von Multscher und seiner Werkstatt, strahlte von Ulm aus. Der Nördlinger Bartholomäus Zeitblom (1455 – Ulm 1518) setzte die warmen, harmonischen Töne seiner Tafelbilder gegen den scharfen Wirklichkeitsstil Multschers, wobei er – und hier spätestens wäre in einem gewissen Sinn von »oberschwäbischer Kunst« zu reden – einheimische Physiognomien darstellte; dies gilt auch für seinen bedeutendsten Mitarbeiter Bernhard Strigel. Zwischen 1479 und 1486 war der aus Colmar stammende Martin Schongauer tätig in Ulm. In Weingarten wirkte Hans Holbein d. Ä. aus Augsburg. In den Altar- und Porträttafeln des nach 1546 in Ulm gestorbenen Martin Schaffner wie auch an den empfindungsstarken Bildern des um 1500 geborenen Meisters von Meßkirch läßt sich der Übergang zur Renaissance verfolgen. Ulm verlor seine zentrale künstlerische Stellung an Augsburg, samt Gregor Ernst (um 1470–1540), dem großen Madonnenbildhauer.

Ewig schade für Biberach, daß die dortigen Bilderstürmer um 1531, nach Einbruch der Reformation, mit Pferdekräften die Altäre aus ihrer Kirche zu »Unserer lieben Frau« rissen, der späteren St.-Martins-Kirche, sie als Teufelswerk »verschlagen und zerscheitet« haben und »den Leuten gegeben zum Verbrennen«; darunter »als Retabel eine köstliche, schöne Tafel mit dem *wunderbaren Marienbild,* hat der fürtrefflich guet Meister hübsch Marte gemalet«, wie Joachim von Pflummern überliefert. Gemeint ist kein Geringerer als jener Martin Schongauer (um 1450–1491), Lehrer Grünewalds und Dürers, dessen wohl bedeutendstes Werk damit dem Vandalismus von Glaubensfanatikern zum Opfer fiel. (Die Figuren waren von Niklaus Weckmann.) Wer den Schaden ermessen will, muß wie Hunderttausende aus aller Welt nach Colmar fahren zur »Madonna im Rosenhag«. Wenns wahr ist, auch nach Blaubeuren: Der dortige Benediktinerabt Fabri hatte den berühmten Biberacher Wandelaltar, der »so sehr die allgemeinste Bewunderung« fand, um 1493 anscheinend »nachmachen« lassen.

Weltlicher dachte die Kunst der Renaissance, die von Ulm bis Biberach, Bad Waldsee, Ravensburg und Wangen im Allgäu vorwiegend architektonisch, zumal mit Profanbauten, vertreten ist; aber auch die Klosteranlage von Ochsenhausen besitzt reiche Renaissance-Anteile. Imposante Schreinerarchitektur und Ulmer Schränke repräsentieren den Kunstwillen einer Epoche, die den Menschen zum Maß nahm, ebenso wie die vielen Grabmäler, Bronze- und Steinepitaphe in oberschwäbischen Kirchen, so in Meßkirch, Neufra (Standbild von Niklaus Weckmann um 1528) und Zwiefaltendorf. Der aus Waldsee stammende Bildschnitzer Jörg Zürn, spätgotischer Tradition entwachsen, schuf dann, wie der Überlinger Hauptaltar zeigt, die Plastik des Frühbarock.

St. Nepomuk auf der Donaubrücke bei Zell
St. Nepomuk on the bridge over the Danube near Zell
St-Nepomuk sur le pont de Danube près de Zell

Auch das Barock ist nicht von hier, jedoch muß sein Konzept gerade für diese fromme Landschaft verlockend gewesen sein: den hohen Reigen heiliger Gestalten mit aller Kunstgewalt vollends herabzuholen, ihn in Stein zu bannen, in Alabaster, Farben und Töne; die Wirklichkeit zu erhöhen im Gesamtkunstwerk, die Ewigkeit festzuhalten im Augenblick, und umgekehrt; starke Bewegtheit in geschwungenen Grund- und Umrißformen, Unterordnung aller Einzelglieder unter das lichtdurchflutete Ganze, Betonung der Kraft und der Spannung zum festlichen Raumgefühl hin. Die Gravitätskraft wird metaphysisch genutzt, die Erdenschwere dem Ephemeren dienstbar gemacht, das Abstrakte üppig verkörpert; der Himmel jubelt ganz irdisch, die Erde himmlisch in fast antiker Heiterkeit, selbst der Tod tanzt mit: barocke Sinnenlust und katholische Bußfertigkeit, Fleischesfülle und geistige Zucht – weiß der Teufel, wie das zusammengeht!

Das Unterland hat sich das Barock erspart (und das Oberland, gleich Bayern, die Aufklärung). Der neue Stil faßte in unserer Gegend spät Fuß; nahm dann aber, zwischen 1680 und 1780, in großer Eile und mit heftigem Schwung, Gestalt an. Nicht nur durch Orchestermessen mit Pauken und Trompeten, mit Kirchentheater und Passionsspielen, sondern architektonisch mit seiner, des Barocks wuchtiger Hilfe sollte die Reformation und gleich auch die Aufklärung abgewehrt werden. Großmut war angesagt als ein Rausch, auch als Bauernfang, wiederum. Das Landvolk nicht, aber die Landschaft war plötzlich sehr reich. Und hell. Maßgebend für den neuen, den vorerst letzten internationalen Stil waren die in Rom schon in der ersten Hälfte des 17. Jahrhunderts entstandenen Bauten der Bernini und Borromini. Was dann – nach Spanien, Frankreich und den Niederlanden – bei uns zu verspäteter, aber reicher Blüte gelangte, war sein glanzvoller Abschluß.

Viele klerikale und weltliche Bauten, so die im 30jährigen Glaubenskrieg und im Spanischen Erbfolgekrieg verwüstete Abtei Ochsenhausen, wurden im 18. Jahrhundert durchgreifend barockisiert; andere, wie Zwiefalten, Weingarten, Ottobeuren wurden abgerissen, dem neuen Stil geopfert. Wohlgemerkt – vorwiegend »ausländische« Künstler errichteten, teils mit heimischen Handwerkern und Arbeitern, das, was seit kurzem »Oberschwäbische Barocklandschaft« heißt. Da hatte die reichsunmittelbare Prämonstratenser-Abtei Obermarchtal nach 1685 die Bregenzer Brüder Michael und Christian Thumb samt deren Vetter Franz Beer kommen lassen, die hier ihr Modell der Vorarlberger Schule verwirklichten: eine mächtige Wandpfeilerhalle mit tonnengewölbtem Hauptschiff, die Apsiden zweigeschossig mit Kapellen und offenen Emporen sowie schmalen Laufgängen in Querschiff, Langhaus und Chor – Grundmuster des Hochbarock. Für die Stukkatur wurde Johann Schmuzer aus Wessobrunn gerufen, der alles in Weiß hielt. An der Vierflügelanlage des Klosterbaus werden dann ein halbes Jahrhundert später die Italiener Giovanni Gaspare Bagnato und (als Stukkateur) Francesco Pozzi mitbauen, die 1754 auch die entzückende Kirche St. Cosmas und Damian nach Unterwachingen stellten, mit reichem Hochaltar, Kruzifix und Statuen des Riedlingers Joseph Christian.

Die Benediktiner von Weingarten freilich wollten alle vorhandenen Barockbauten im süddeutschen Raum übertreffen und entschieden sich für die kalte Pracht einer überdimensionalen, 117 Meter langen Kirche, welche die Mittelachse einer riesigen Stiftsanlage bilden sollte. Eine Kollektivleistung, 1715 begonnen unter Franz Beer. Zu den weiter hinzugezogenen Architekten gehörte der alte Christian Thumb, Lehrer des Weingarten-Planers Caspar Moosbrugger, und der bedeutende Donato Giuseppe Frisoni. Franz Schmuzer stukkierte, Cosmas Damian Asam aus München, der in Rom studiert hatte, schuf – erster Höhepunkt seines Lebenswerks – die Fresken. Auszumalen waren über eintausend Quadratmeter. Asam, der mit seiner Frau, einem Diener und drei Pferden gekommen war, malte täglich von Sonnenaufgang bis zur Dämmerung, also von vier Uhr morgens bis acht Uhr abends; um keine Zeit zu verlieren, schlief er auf dem Gerüst und stieg nur herunter, um durch die aufgehobenen Gerüstbretter hindurch die Fernwirkung seiner Arbeit zu prüfen.

Franz Beer und Franz Schmuzer waren auch die Hauptmeister der Barockkirche der ehemaligen Prämonstratenser-Abtei in Weißenau (1717–1724); als dreischiffige Basilika ein gutes Beispiel für die Vorarlberger Schule. Danach schufen die beiden das Dominikanerkloster Sießen bei Saulgau neu, mit dreigeschossigen Vierertrakten, und Dominikus Zimmermann aus Wessobrunn, der schon an den Altären von Ochsenhausen und Waldsee mitgewirkt hatte, erstellte die schöne Sießener Kirche; die Stuckarbeiten sind von Kaspar, die Deckenmalereien von Johann Baptist Zimmermann, seinen Brüdern.

Da wars dann nicht weit nach Steinhausen. Noch 1727 wurde die alte Kirche niedergelegt und Dominikus Zimmermann mit Schaffung der neuen beauftragt. Während Johann Sebastian Bach, gleichaltrig, in Leipzig die Matthäuspassion schrieb, errichtete Dominikus Zimmermann in Steinhausen seine geniale Schöpfung mit ihren zehn Freistützen und dem geschwungenen Umgang; erhob mit Hilfe seiner Wessobrunner Werkschar in reicher Stukkatur die Natur des Steinhauser Rieds zur rokokofröhlichen Übernatur, wobei er nicht nur die heimische Flora an den Kapitellen der schlanken Pfeiler entlangranken ließ, sondern auch deren Fauna – Vögel, Spinnen, Käfer, Schmetterlinge – als zärtliche Stuckdetails ins Licht der Oberfenster setzte... Rare Versöhnung von Kirche und Kreatur! Künstlerisch bedeutsamer freilich sind die Fresken des Bruders Johann Baptist Zimmermann. Das lichterfüllte Deckenfresko zeigt das in dieser Raumvorgabe schon beinah auf Erden verwirklichte Ziel: die Aufnahme ins Paradies mit seinen stäubenden Springbrunnen und sprühenden Wasserfällen, den Blütenfeldern und Bäumen.

Dominikus Zimmermann, der auch als Urheber des Entwurfs der Schussenrieder Klosterbibliothek gilt, barockisierte 1755/56 noch die Pfeilerbasilika des Zisterzienserstifts Gutenzell, in dem, nebenbei, eine Tochter von ihm als Äbtissin wirkte. Sein Gegenspieler in Süddeutschland war Johann Michael Fischer, der Erbauer der Kirchen von Zwiefalten und Ottobeuren. Zimmermann wetteiferte gewissenmaßen mit der Natur, strukturierte das Dekorative mit dem Funktionalen organisch zur Einheit; Fischer hingegen ging mit Masse und Form ganz anders um, nämlich strategisch; wie er die frei vom Klosterkomplex aufragende Ottobeurener Kirche – wenn das kein abendländisches Sakrileg war! – kurzerhand von Ost-West nach Nord-Süd ausrichtete, so vollendete er, nach dem Abbruch der noch standfesten romanischen Abteikirche Zwiefalten, zwischen 1741 und 1765 im stillen Wiesental der Aach jenen pompösen, dem Viereck der Klosteranlage als Nordflügel eingefügten Sakralbau mit zwei hohen Glockentürmen und monumentaler Fassade; das Innere aufgeteilt in Vorhalle, Gemeinde- und Querhaus mit Vierungskuppel, Mönchschor und Hochaltar – eine grandiose Raumfolge.

Der weiße Stuck Johann Michael Feuchtmayers d. Ä. aus Augsburg, die Deckengemälde von Franz Josef Spiegler aus Wangen, Altargemälde neben anderen von den Italienern Giovanni Colomba, Bartolomeo und Giosue Scotti sowie Nicolas Guibal, zuletzt von Januarius Zick; das Chorgestühl von Martin Hermann aus Villingen und dem Riedlinger Joseph Christian, der auch die Stuckplastik und die Skulpturen am Hochaltar, an den Querhausaltären und an der Kanzel schuf. Die ganze Anlage: höchstentfaltetes Spätbarock, reichstes und reifstes Rokoko – so genial gegliedert, beziehungsvolles Über- und Ineinandergreifen von Fresko und Stuck, daß in keinem Moment Überladenheit prahlt, Schweres leicht wird in der Bewegtheit, und das Spiel mit dem Licht symphonisch wirkt und nicht theatralisch.

Die im katholischen Oberschwaben eher unbehauste Literatur fand in der Bibliothek der Abtei Wiblingen eine schmucke Heimstatt; sie wurde 1744 ausgemalt von Franz Martin Kuen, antike und christliche Wissenschaft thematisierend. Die allegorischen Figurengruppen werden Dominikus Hermenegild Herberger zugeschrieben. Überaus heiter und einladend auch der Bibliothekssaal zu Schussenried im Spätrokokostil, ganz in Weiß und Gold; nur die zierlichen, gekuppelten Säulen, die eine in leichtgeschwungenen Kurven bewegte Galerie tragen, sind aus rötlichem Stuckmarmor. Sein ikonologisches Programm – »Sedes Sapientiae«: Sitz der Weisheit – von Franz Georg Hermann aus Kempten zählt zu den reichhaltigsten des Abendlands; der Stuck mit den 56 Flachreliefs der Disziplinen an den Fensterleibungen stammt von Johann Jakob Schwarzmann aus Feldkirch; im Parterre die lebensgroßen acht Kirchenlehrer und streitende Putten aus poliertem Stuck, die abwechselnd die »rechten« Glaubenslehren und die Häresien veranschaulichen. Das Ganze: die Ablehnung aufklärerischen Gedankenguts. (Wie erwähnt: nicht die luxuriösen Kirchenschätze wurden versetzt, sondern samt und sonders die Bücher, als nach 1803 die Gelder fehlten. Deshalb jetzt die Attrappen.)

Zu den weltlichen Kunstleistungen jener Epoche zählt das 1719 bis 1721 vom Bregenzer Franz Anton Kuen umgebaute Rathaus in Wangen mit seiner reichgeschmückten, breitgiebligen Fassade. Im ehemals Neuen Schloß zu Bad Wurzach prangt das üppig stuckierte, gewiß »schönste Treppenhaus Oberschwabens« mit seinen vielfach geschwungenen, zweiseitigen ovalen Läufen; das Deckenfresko stammt wahrscheinlich von Pietro Scotti. Dann bei Tettnang die vierflügelige Schloßanlage der Grafen Montfort, nach dem Brand 1753 von Jakob Emele, dem Baumeister des Klosters Schussenried und der Kirche von Otterswang, in schon altertümlicher Manier erbaut; mit Stukkaturen von Jakob Schwarzmann, Joseph Anton Feuchtmayer, Johann Georg Dirr und anderen. Zu groß entworfen und (deshalb) nicht fertiggeworden ist die einzige barocke Schloßanlage des Deutschherrenordens in Altshausen, die Giovanni Gaspare Bagnato 1729 als weitläufige, symmetrische Anlage begann; sein Sohn schuf die Orangerie und die Beamtenhäuser.

Den Übergang vom Barock zum Klassizismus zeigt am schönsten die Klosterkirche von Wiblingen auf: 1772 bis 1781 in Anlehnung an Entwürfe Johann Michael Fischers von Johann Georg Specht erbaut. Sie ist der letzte große Kirchenbau des 18. Jahrhunderts in der Region. Unmittelbar zuvor (1774–1776) hatte der Franzose Michel d'Ixnard die gotische Kirche des ehemals »freiweltlichen« Damenstifts in Buchau (mit Resten einer romanischen Basilika) zur frühesten klassizistischen Kirche Schwabens umgebaut. Bei strenger Horizontal- und Vertikal-Gliederung des Raums brach d'Ixnard, Erbauer auch der antikisierenden Rotunde der Benediktinerabtei St. Blasien im Schwarzwald und des Schlosses in Aulendorf, entschieden aus dem Barock aus. Eine neue Zeit schien endlich auch in der geistlichen Welt angebrochen zu sein. Oder?

Die Musik gehörte seit früher Zeit zur Klosterkultur. Liturgie, kirchliche Feste und Erbauung im klösterlichen Tagesablauf verlangten vielfältige Formen der »Gebrauchsmusik«. Dem universellen Hermannus Contractus aus Saulgau (1013–1054) werden Sequenzen, Offizien und Antiphonen zugeschrieben, darunter die berühmte Marienantiphon »Salve Regina«. Von den Notenbeständen in den oberschwäbischen Klöstern, die im Einflußbereich der Reichenau und St. Gallens, aber auch von Hirsau und St. Emmeram lagen, sind die Handschriften gregorianischer Choräle, zumal das »Tropar« des Klosters Weingarten aus dem 12. Jahrhundert, die ältesten. Später drang die Kunst der Mehrstimmigkeit, in Gestalt der gotischen Organa und Motetten, aus Frankreich herüber. Musikunterricht war ein wichtiges Fach in den Klosterschulen.

In Ravensburg waren zur Zeit der Renaissance bedeutende Orgelbauer zuhaus. Von München her wirkte die Vokalpolyphonie des Niederländers Orlando di Lasso (1532–1594), und größere Klöster wie Weingarten und Ochsenhausen waren reich an ausgebildeten Vokalisten. Jakob Reiner, ein Schüler di Lassos, und später Michael Kraf (1590–1662), zwei Kapellmeister der Weingartener Kantorei, traten kompositorisch als Meister der Mehrstimmigkeit hervor. Mit der Stilwende um 1600 gelangten die hiesigen Klöster unter den Einfluß der italienischen Musik. Eine Entwicklung, die der Dreißigjährige Krieg jäh abbrach. Das Barock brachte dann, leicht verspätet und deutlich anklingend an die Musik Vorderösterreichs, ein neues Aufblühen der oberschwäbischen Klostermusik. Der Obermarchtaler Musikdirektor Isfrid Kayser (1712–1771), Mitbruder Sebastian Sailers, hat geistliche Kantaten geschrieben, sechs Messen für Soli, Chor und Orchester, Psalmen, aber auch private Rekreations- und Tafelmusik fürs Cembalo. Ernestus Weinrauch aus Donauwörth (1730–1795) war der beachtlichste Barockmusiker des Klosters Zwiefalten; seine Große Messe in C-Dur wurde erst kürzlich wiederentdeckt und 1989 zur 900-Jahr-Feier der ehemaligen Benediktinerabtei aufgeführt. Konradin Kreutzer aus Meßkirch gehörte zu Weinrauchs Schülern. Gleichfalls ein Mitbruder Sailers war Sixtus Bachmann, der 1763 als zwölfjähriger Wunderknabe ein Wettspiel auf der Orgel mit dem zehnjährigen Mozart glänzend bestand: in der Wallfahrtskirche von Marktbiberach, beim Fugger-Grafen, wo die Mozarts ihre große Kunstreise geschwind unterbrachen.

Auch der gelehrte Meingosus Gaelle aus Buch bei Tettnang muß genannt werden, der in seiner Salzburger Studienzeit musikalische Anregung durch Michael Haydn und den jungen Mozart erfuhr, neben Litaneien und Vespern viele Gesänge zu Messe und Stundengebet – oft mit Orchesterbegleitung – verfaßte, und vor allem ein Stabat mater in c-Moll für Soli, Chor und Orchester (1791); überdies hat Gaelle 1796 »Adams und Evas Erschaffung« als eine »comische Oper« aus Sailers »Schwäbischer Schöpfung« vertont; wie ja weltliche Musik durchaus zum festfreudigen Barock gehörte. Eine Missa in C hat 1794 auch der aus Berkheim gebürtige letzte Reichsprälat von Rot, Nikolaus Betscher, verfaßt, der als Klosterkomponist nahezu verschollen war, und von dem neuerlich über vierzig größere Werke, darunter elf Messen, zwei Requiems, ein Violinkonzert und zwölf reizvolle weltliche Lieder aufgefunden wurden. Zeugnisse einer formbewußten, zugleich eigentümlich gelösten, hoffnungsfrohen Klangkunst.

Wenig überliefert ist aus dem bäuerlichen Bereich, weil sich die volkstümlichen Weisen vorwiegend mündlich tradierten und von den Kunstmusikern ohnehin verachtet wurden. Schon deshalb ist die Ostracher Liederhandschrift eines unbekannten oberschwäbischen Klosterschülers aus der Zeit um 1740 kostbar. Sie enthält 51 Texte teils moralisierender, teils gemütvoller Lieder, lustige Trinklieder und Quodlibets, von denen 45 mit Melodien versehen sind. Das Volk durfte allenfalls sein handwerkliches Geschick in den Dienst der Kirchenkunst stellen. Wie hätten anders die großen Kirchenbauten verwirklicht werden können?

Figur der Klosterbibliothek in Bad Schussenried
Sculpture at the monastery library in Bad Schussenried
Sculpture dans la bibliothèque du monastère de Bad Schussenried

Alle berühmten Orgeln Oberschwabens wurden von einheimischen Orgelbaumeistern geschaffen, die vom Holzhandwerk herkamen und sich draußen kundig machten. Voran der Zimmermannssohn Joseph Gabler (1700–1771) aus Ochsenhausen, der die große Westorgel des heimischen Klosters umbaute und erweiterte; anschließend wurde Gabler mit dem Bau der Weingartener Orgel beauftragt; sie wurde sein Hauptwerk. Dreizehn Jahre lang plante, baute, experimentierte, verwarf und änderte der Meister an dieser immensen Musikmaschine. Mit ihren 6666 Pfeifen und 63 Registern, ihrem unerhört farbenreichen, schlanken, fast kammermusikalischen Klang wurde sie zur damals bedeutendsten Monumentalorgel im süddeutschen Raum, die sich auch in ihrem äußeren Aufbau – vier vorragende Pfeifentürme und ein freistehender Spieltisch – phantasievoll ins barocke Gesamtkunstwerk fügte. Der andere große Orgelbauer der Gegend war Johann Nepomuk Holzhey, 1741 bei Ottobeuren geborener Bauernsohn, ursprünglich Schreiner auch er; sein großer Lehrer wurde Karl Josef Riepp, als dieser die beiden Chororgeln in Ottobeuren baute. Holzhey selbst schuf die Haupt- und die Chororgel in Buchau, die dreimanualige Hauptorgel und die Chororgel in Obermarchtal; weitere Instrumente in Meßkirch, Weißenau, Wiblingen und Dürmentingen; am besten erhalten ist die von 1785 bis 1793 von ihm erbaute Hauptorgel (mit drei Manualen und 36 Registern samt Chororgel) in Rot an der Rot. Den Registervorrat der süddeutschen Orgeln verband Holzhey mit dem französischen Zungenchor und erfand neue Register hinzu. Sein Dispositionsstil ist der farbenreichste, auch wenn er vom Material der Pfeifen her Riepp und Gabler unterlegen war; stets baute er seine Instrumente in besonders kostbare Gehäuse.

Riesenabteien, Kirchen, Schlösser – ein Abglanz von Macht und Pracht. Das Volk aber, sieht man von Kirchenfesten ab, hatte wenig davon. Und buchstäblich auf der Straße stand damals, zwischen dem 30jährigen Krieg und der Napoleon-Ära, ein Heer von Armen und Hungernden: Bettler, Kranke, Arbeitslose, Ausgewiesene, Vaganten, Zigeuner, ausgemusterte Soldaten; Opfer der Kriege, der Seuchen, Mißernten und Wirtschaftskrisen. Die Klöster, Hospize und Herrschaften waren aufgerufen, »umb Gottes Willen« zu helfen. So erhielten beispielsweise am Stiftertag 1623 im Kloster Weingarten 4500 Arme ein Almosen; vermachte mitten im 30jährigen Krieg Truchseß Graf Heinrich (†1637) den Armen seiner Herrschaft Wolfegg 4000 Gulden; gaben die Zwiefalter Mönche 1692 am Gedenktag für Abt Johannes Martin 150 Pfund Fleisch, 460 Laibe Brot, 103 Maß Wein und 50 Gulden aus; verteilten sie im Hungerjahr 1713 täglich an 800 Leute Brot.

Traditionell wurden an den Stiftertagen die Armen gespeist; was zur Folge hatte, daß sich regelrechte Bettlerprozessionen zum jeweiligen Kloster bewegten. In Weingarten wurden um 1735 an die 7000 Bettler gezählt; dort summierte sich das verteilte Klosterbrot 1778 auf über 32 000 kleine Laibe. Aus Marchtal ist überliefert, daß am Gründonnerstag 1694 der Andrang zur Speisung so groß war, daß beim Einlaß in den Hof 42 Menschen zu Tode gedrückt wurden, darunter 22 Kinder. Bezeichnend für das Elend sind zeitgenössische Eintragungen von Pfarrern in die Totenbücher: »Zur Freude der Eltern der Armut der Eltern entronnen« hieß es da etwa (1668), wenn ein Kind starb.

Barockzeit war Almosenzeit, ein Drittel der Bevölkerung praktisch erwerbslos; die Kirche hatte den auf Geburt, Grundbesitz und Macht aufgebauten Gegensatz von Herrschenden und Dienenden, von Reich und Arm entgegen ihren Geboten noch befestigt; das im Mittelalter erstrebte Ideal der Schutzpflicht hatte sich in Herrschaft über die Armen verwandelt. Schon im 11. und 12. Artikel des Bauernaufstands war den Herren vorgeworfen worden, sie seien eher Räuber als Beschirmer ihrer Untertanen. Vor allem die Städte versuchten, der Armut Herr zu werden, indem sie, in der ersten Hälfte des 18. Jahrhunderts, Bettelordnungen erließen – und Armen die Heirat verboten. Beispielsweise wurde – so vom Schwäbischen Kreis zu Ulm – bestimmt, daß nur einheimische Arme und Hintersassen im jeweiligen Gebiet rechtmäßig betteln durften, nicht aber Zugewanderte – auch nicht aus der Herrschaft Schussenried; denen wurde mit erheblichen Strafen gedroht. Daraufhin entschloß sich der Schussenrieder Abt, ebenso vorzugehen.

Der Ausruf »Heilix Blechle« erinnert noch an die Bettelausweise, Abzeichen, die am Wams zu tragen waren. »Landstraifer, herlose knecht, auch zegeiner und starke bettler« wurden nicht selten verfolgt, mit Ruten »ausgehauen«, ins besonders berüchtigte Zuchthaus nach Ravensburg oder wenigstens an die Landesgrenze verbracht. Zumindest zeitweise »ins Elend«, also Ausland, gestoßen werden konnte auch, wer bestimmte Gesetze übertrat und damit die Bürger- und Wohnrechte verlor. Unterwegs trafen die »Straftäter« mit Krämern, Händlern und Handwerksgesellen zusammen, aber auch mit Pilgern, Mönchen und Nonnen der Bettelorden, und eben mit den Unterprivilegierten und Ausgedienten; mit Zirkusleuten, Seiltänzern, Bärentreibern, Gauklern und Taschenspielern. Auch viele Musikanten zogen von Ort zu Ort, lebten von der Hand in den Mund. Hunderte von Verarmten wanderten aus, meist nach Ungarn, manche in die Sierra Morena nach Südspanien; andere wiederum ließen sich von den berüchtigten Werbern anheuern und wurden Soldaten.

Novizen in Wigratz
Novices in Wigratz
Novices à Wigratz

Altarteil der ehemaligen Klosterkirche Ochsenhausen
Part of the altar at the former monastery church in Ochsenhausen
Fragment d'autel dans l'ancienne église du monastère d'Ochsenhausen

Im Kloster Bonlanden
In the Bonlanden monastery
Au monastère de Bonlanden

Pfarrkirche St. Cosmas und Damian in Unterwachingen
The parish church of St. Cosmas and Damian in Unterwachingen
Eglise St-Côme et Damien à Unterwachingen

Ulm, Münsterportal
The portal of the cathedral in Ulm
Ulm, portail de la cathédrale

Altarbild der Riedlinger «Vierzehn-Nothelfer-Kapelle»
Altarpiece from the "Fourteen Auxiliary Saints Chapel" in Riedlingen
Tableau d'autel de la chapelle «Vierzehn-Nothelfer-Kapelle» (chapelle des quatorze secours) à Riedlingen

Die Türme von Zwiefalten
The towers of Zwiefalten
Les tours de Zwiefalten

Detail der ehemaligen Klosterkirche Ochsenhausen
Detail of the former monastery church in Ochsenhausen
Détail de l'ancienne église du monastère d'Ochsenhausen

Genauer betrachtet
A closer look
Vu de plus près

Figuren aus der Werkstatt Joseph Christians in der Bad Buchauer Stiftskirche
Sculptures from Joseph Christian's studio in the collegiate church of Bad Buchau
Sculptures réalisées dans l'atelier de Joseph Christian, église collégiale de Bad Buchau

St. Peter in Bad Waldsee
St. Peter in Bad Waldsee
Eglise St-Pierre à Bad Waldsee

Pietà (um 1420) in Gutenzell
Pietà (from around 1420) in Gutenzell
Pietà (réalisée vers 1420) à Gutenzell

Meßgewänder im Museum von St. Magnus in Bad Schussenried
Chasubles in the Museum of St. Magnus in Bad Schussenried
Vêtements sacerdotaux au musée St. Magnus à Bad Schussenried

In der Pfarrkirche von Gutenzell
In the parish church of Gutenzell
A l'intérieur de l'église paroissiale de Gutenzell

Obermarchtal, St. Petrus und Paulus
St. Petrus and Paulus in Obermarchtal
Obermarchtal, église St-Pierre et St-Paul

In der Pfarrkirche von Gutenzell
In the parish church of Gutenzell
A l'intérieur de l'église paroissiale de Gutenzell

Schloß des Fürsten von Waldburg-Zeil
The Prince's Castle in Waldburg-Zeil
Le château du Prince de Waldburg-Zeil

Schloß und Pfarrkirche St. Martin in Meßkirch
St. Martin's castle and parish church in Meßkirch
Château et église paroissiale St-Martin à Meßkirch

Neues Schloß in Tettnang. Ehemalige Residenz der Grafen von Montfort
The new castle in Tettnang. Former residence of the Counts of Montfort
Le Château Neuf à Tettnang. Ancienne résidence des Comtes de Montfort

Schloß des Fürsten zu Waldburg-Wolfegg und Waldsee
The castle belonging to the Prince of Waldburg-Wolfegg and Waldsee
Le château du Prince de Waldburg-Wolfegg et Waldsee

Schloß Oberstadion
Oberstadion Castle
Le château Oberstadion

*Helena-Kapelle im Kornhaus
des Zisterzienserinnenklosters Heiligkreuztal
The Helena Chapel in the granary
of the Cistercian monastery in Heiligkreuztal
La chapelle Ste-Hélène dans la halle au blé
du monastère des cisterciennes à Heiligkreuztal*

*Hieronymus von Melchior Binder (1608)
Hieronymus by Melchior Binder (1608)
St-Jérôme par Melchior Binder (1608)*

Dominikanerin bei Schloß Zeil
Dominican nun near Castle Zeil
Dominicaine près du château de Zeil

Auf festem Boden

Die Dörfer – sind sie es noch? Ausgestorben brütet die begradigte Durchfahrtsstraße in der oberschwäbischen Sommersonne vor sich hin; du stehst mutterseelenallein mit der Kirche im Dorf. Doch die ist geschlossen. Auch das Wirtshaus, und der Spar-Laden auch. Die Bauern sind auf den Fluren, die Nebenerwerbler in größere Nachbargemeinden ausgependelt. Da bleibt nur der Friedhof und die Telefonzelle. Ferner Lärm von Traktoren. Die Häuser mit ihren von Sprossen befreiten Einheitsfenstern, vor denen Geranien quellen auf Teufelkommraus (»Unser Dorf soll schöner werden«), stehen blind und baumlos umher, der Dorfbach verrohrt, die Flächen geteert oder zementiert, das Nützlich-Häßliche hat Vorrang. Die Flurbereinigung endet nicht auf dem Acker.

Aber halt! Gibt es nicht auch mancherorts die neuere Art der Dorfverschönerung? Nach den Kahlschlagkonzepten der fünfziger Jahre, nach der sogenannten Dorfsanierung mit Glasziegeln, Eternit und Fertigtüren in den Sechzigern läuft, was seither geschieht, unter »Dorfentwicklungsprogramm«. Dem Untergang der bäuerlichen Kultur wird begegnet mit einer Zerstörung ohne Abbruch. Die Denkmalspfleger haben zwar Betonklötze in Dörfern zugelassen; und daß die schönsten Bauern- und Wirtshäuser zu Sparkassenfilialen umfunktioniert wurden. Dafür propagieren sie jetzt die Sanierung von der Stange. Haus für Haus wird einer Fassadenkosmetik unterzogen; Rechen, Sichel und Sense hängen als nostalgische Attribute im Hausgang aufgelassener Bauernbetriebe.

Und rings eine Landschaft, die einen in Ruhe läßt, oder auch nicht. Wie anderswo flurbereinigte Ackerlandflächen; paar Alibi-Hecken mit Vogelstangen am Rand. Da stört kein Vogellaut, nichts. Und welcher Bach darf, zum Segen der Wiesen und Felder, noch mäandern? Interessiert den Städter, der die güllefreudige Löwenzahnwiese »herrlich« findet, was mit dem übrigen halben Hundert Gräsern und Wiesenblumen passiert ist? Wer kennt noch Klatschmohn und Lerchensporn, Maiknabenkraut oder Akelei, Esparsette und Frühlingswalderbse, Bibernelle und Tausendgüldenkraut oder die Türkenbundlilie? Was ist »Wachstum«, wenn die Natur verarmt, ihr System zusammenbricht?

»Flurbereinigungsingenieure« heißen die Umgestalter, die bis vor kurzem alles, was krumm (das heißt: natürlich) war, begradigten, planierten, entwässerten, mit Asphalt und Röhren die Naturkreisläufe und Vernetzungen kreuz und quer durchschnitten und das große Artensterben in Flora und Fauna mit in Gang setzten.

Raps Weizen Raps. Weizen Raps Weizen. Mais Mais Mais. Unterteilt wird in Mähdruschfrüchte (Getreide, Körnermais, Raps), in Hackfrüchte (Kartoffeln, Rüben), Ackerfutter, Silomais, Kleegras. Hopfen. Ganz vereinzelt leuchtet wieder zartblauer Flachs; auch Sonnenblumen, Saubohnen und der aus Asien stammende uralte Dinkel finden sich wieder. Dazwischen Dauergrünland. Nicht nur die Kartoffel ist »rückläufig«, auch der Hopfenbedarf, bei leicht zunehmender Anbaufläche. Der Biergrundstoff aus der Tettnanger Gegend – dem zweitgrößten Anbaugebiet überhaupt – wird bis nach Amerika exportiert, mit Schwierigkeiten: Was wir Pflanzenschutzmittel nennen, gilt dort als Gift, WISSET SE!

Längst triumphiert auch in Oberschwaben das Monopol, rentabel nur noch für Großbauern. Die Verflechtung der Bauernvertreter auf Verbandsebene mit Banken und Chemiekonzernen ist eng. Die »Genossenschaft«, einst hilfreich, löblich, weil sie das Saatgut lieferte, Ernteerträge aufkaufte,

Gewinne ausschüttete, ist jetzt schierer Widersinn. Sie seien Leibeigene der »Raffeisengenossenschaft«, spotten manche verbittert. Mit Recht befürchten sie, daß die Gentechnologie den Verdrängungswettbewerb noch verschärft. Hierzuland macht keiner gern etwas, was er für unsinnig hält, das gehört zum Charakter und zu der Frage, wie man ZU SEIM SACH KOMME soll. Aber – was ihm diktiert wird, erweist sich allzuoft als Unsinnigkeit. Die Einsamkeit des Bauern draußen auf seinem Traktor ist eine große.

Kühe im Grünen – fotografieren Sie rasch, wenn Sie welche entdecken, zumindest im nördlichen Teil sind sie überaus rar. »Die Ställe bringen's«, hieß es einst; deshalb wurde im 19. Jahrhundert die Stallfütterung eingeführt und die Allmende aufgeteilt. Bringen's die Ställe noch? Die Kälber: Aus dem Mutterleib ab in die Box, und nach einer Woche gibt's »Milchaustauscher«. Was da – statt auf der Weide, wo es hingehört – in Halsrahmen, auf meist strohlosen Gitterrosten, lebenslänglich, dicht gedrängt, über der eigenen Scheiße steht, Nummern mit apathischem Blick, das Brüllen verlernt, oft die Hörner weg, angeschlossen an Kuhtrainer – Vorrichtungen, die per Elektrozwick zum Koten und Harnen an den Rand des Mistgrabens zwingen: was da zu lebenden Milch- und Fleischmaschinen degradiert, stumm im beinah explosiven Abgasgemisch seine Tage und Nächte fristet, das sind – wer weiß es noch? – Lebewesen mit Seele und Leidfähigkeit. Entwürdigte Mitgeschöpfe. Vollends die Schweine in ihren computergesteuerten Marteranstalten! Und nicht zu schweigen von den Eierfabriken der Hühnerbarone. WAS WOHR ISCH, DARF MR SAAGE.

Statt naturnaher Kreislaufwirtschaft also Standardisierung von Lebewesen, völlige Abhängigkeit von Industrie und Importfutter, Entfremdung vom ererbten Acker, von landschaftstypischen Pflanzen, vom Tier. Hybridzuchten, Embryonentransfer, skrupelloser Drogeneinsatz zusammen mit der »bodenunabhängigen Viehhaltung«, die ein Martyrium ist – als Basis für die falschen

Bauerngarten auf dem Höchsten
Allotment on the Höchsten hill
Jardin potager et fleuri sur le Höchsten

... und in Ravensburg
... and in Ravensburg
... et à Ravensburg

Die Donau bei Zell
The Danube near Zell
Le Danube près de Zell

Maisernte bei Obermarchtal oder sonstwo
Typical corn harvest near Obermarchtal
Récolte du maïs près d'Obermarchtal ou ailleurs

Wachstumsraten (1992: eine Million Tonnen Rindfleisch-Lagerbestand in der EG). Vorbei auch in Oberschwaben der Mischbetrieb mit weidenden Kühen, Schweinen, kombiniertem Anbau von Getreide, Feldfrüchten etc. Kaum noch Hühner; keine Zusammenarbeit mehr bei der Ernte, das machen Maschinen. Mast und Masse, Einseitigkeit, Abhängigkeit von Trends, Subventionen, Produktionszwang, alles weit weg von naturnaher Selbstversorgung und hinlänglicher Unabhängigkeit.

Man hatte den Bauern eingeredet, sie würden so viel verdienen können wie die Städter, wenn sie sich industrialisieren ließen. Agrar- und Fleischfabriken: Die Natur macht da nicht mit. Erinnert man sich, daß die Landwirtschaft als Erzeugerin der Primärprodukte, der Lebensgrundlagen, ehmals vor allem auf Sonnenenergie basierte und nicht auf technischer und chemischer? Daß Fleisch, das energieintensivste Nahrungsmittel, bei der jetzigen Massentiermast über dreihundertmal mehr Energie verschlingt als etwa der Kartoffelanbau? Nur etwa ein Sechstel der Bevölkerung hierzuland arbeitet noch in der Landwirtschaft. Im Kreis Biberach zum Beispiel wirtschaften die meisten der rund 14 000 voll- oder teilzeitbeschäftigten Familienarbeitskräfte auf Höfen mit weniger als 20 Hektar Land. Und sie nehmen immer mehr ab. Wenigstens jeder dritte der über 45 Jahre alten Landwirte hat keinen Nachfolger; und von jenen, die einen Hoferben haben, hält nur jeder zweite die Weiterbewirtschaftung für gesichert. Längst sind die Bauern in den Dörfern eine Minderheit neben den Arbeitern, Angestellten und Gewerbetreibenden, und schon stehen, was paradox ist im alten Bauernland Oberschwaben, viele Dörfer ohne Landwirtschaft da. Was soll aus all den Ställen und Scheunen werden? Fabrikationszentren, Ateliers oder Schlafsiedlungen für Städter? Viel Öde und Leere greift um sich.

Im Kürnbacher Bauernmuseum, im Bauernhausmuseum Wolfegg und in der Baltringer Bauernkriegsstube läßt sich ahnen, was er einst war, der freilich allzeit geplagte Bauernstand. Eine besondere Eigenschaft der Region war bislang, daß sie mit sich identisch blieb. Im Gefolge der aufgezwungenen

Maiserntemaschine
Corn harvester
Machine à récolter le maïs

»Flurbereinigung« wurde dem Bauern mit seiner ehmals naturverbundenen Kultur zugleich die Identität wegrationalisiert. Die schon im Bauernkrieg eingeklagte Freiheit des Landmanns – wo ist die heute? Noch immer durch pausenlose Arbeit geschunden, finden die Kleinen nicht ihre Sprache. Nur jede zwölfte Bäuerin ist nicht krank. Für vier Fünftel der Frauen ist Urlaub ein Fremdwort. Unmut und Resignation sind stärker als die Empörung. Wo bleibt die Lobby der raren Bio-Landwirte?

Die Wälder hierzuland sind nicht so artenreich wie etwa die auf der Alb, und bares Nutz-Interesse herrscht vor. Falls er noch immer das deutsche Gemüt spiegelt, dann geht es dem schlecht, auch bei uns. Dem Gemüt. Zwar wächst der Wald »wie nie zuvor«, auch das verdankt sich dem Stickstoff der Schademissionen, die zum andern das Absterben bewirken. Nicht nur die Buchen und jüngeren Eichen, zumal die Fichten und Tannen kränkeln. Daß die Fichte für ein Drittel der Böden nicht (mehr) geeignet sei, erklären die Waldmänner im Landkreis Biberach – wo der Fichtenbestand bislang über 80% betrug – so: »Die Fichte versauert den Boden durch das Auskämmen der sauren Luftschadstoffe und mit ihrer schwer zersetzlichen Streu.« Hingegen würden Laubholzbestände »einen hohen Massen- und Wertzuwachs bei guter Betriebssicherheit« leisten. So sprechen Forstingenieure, nicht Landschaftspfleger. Der Wald als Fabrik.

Gewiß, die Fichte dominierte nicht immer. Sie kam erst zum Zug, nachdem der mittelalterliche Raubbau die Laubbestände gelichtet hatte. Der auf einer Jungmoräne stehende Heiligkreuztaler Wald zum Beispiel war jahrhundertelang Mischwald und erlitt zwischen dem 16. und 18. Jahrhundert planloses Hauen. Noch 1805 wurde eine »schlechte Waldverfassung« notiert, durch hohen Wildbestand und bäuerliche Nutzung: Waldweide, Laubabstreifen zur Viehfütterung, Köhlerei und Schneiden von Besenreis; auch gab es viele »verödete«, nasse und vergraste Plätze. 1822, nach der Landvermessung, wurde das Waldrevier in Distrikte eingeteilt; Grundlage für eine bessere Bewirtschaftung, geordnetes Hauen, Blößenaufforstung und Entwässerung. Erst um 1842 setzte die Umwandlung des Baumbestands ein, nach und nach nahm der Fichtenwald überhand.

Hinter dem Altdorfer Wald, der ihm zu einem Drittel gehört, auf der höchsten Moränenkuppe, residiert wie seine Vorfahren der Erbgraf Max-Willibald von Waldburg zu Wolfegg-Waldsee. Er bewirtschaftet seinen riesigen Baumbestand nach modernsten Methoden. Mit einer geradezu waldfressenden Einmann-»Vollerntemaschine«, deren Greifer die Bäume en masse mit elektronisch bedienten Seilwinden fällen, entasten, zerteilen, lagern; wie sie die in Generationen gewachsenen Bäume sekundenschnell abschnipst und verhackstückt: der traditionsbewußte Erbgraf zeigt uns das stolz. Im gigantischen Holzhof, unweit des Schlosses, zweiter Teil der Baumschlächterei, wird der immense Holzanfall computergesteuert für den Verkauf sortiert. Begriffe wie »Holzvermarktung«, »rausholen«, »Aggregate«, »Optimierung der Ausnutzung« gehen ihm, der nebenbei die heutige Sprachverrohung beklagt, leicht von den Lippen; längst hat auch er die Produktion verinnerlicht statt der Natur.

Grund- und Quellwasser sind stark giftstoffbelastet, ein Großteil der Brunnen hat den gesetzlichen Nitrathöchstwert überschritten. Atrazin, vorwiegend im Maisanbau eingesetzt, inzwischen verboten, ist weiterhin in fast jeder vierten Trinkwasserentnahmestelle nachweisbar. Die Beständigkeit dieser organischen Verbindungen in Boden und Wasser gefährden Gesundheit und Leben. Die Statistiker indessen sprechen von einer »insgesamt guten Qualität«. Nicht nur die meisten Rinnsale, eingedolt oder in begradigter Freiheit, faulen vor sich hin. Die Flüsse und Bäche wurden zu Kanälen und Schläuchen; nicht mehr im fruchtbaren Verbund mit dem Umfeld. Jede technologische Hilfsmaßnahme, da sie den Kreislauf durchschneidet, erfordert alsbald drei, vier andere. Ein Teufelskreis. Die Natur sucht sich zu ihrer Selbsterhaltung das jeweils nächstschwächste Glied. Der Schaden der Regulierungen ist aufs Ganze gesehen stets größer als der örtliche Nutzen.

Sicher, unvergessen sind die Hochwasserkatastrophen, über die Johann Herkules Hais 1786 schrieb: »Das Wasser der Iller ist reißender als das der Donau, und die von ihr entstehenden Überschwemmungen sind heftiger und schneller, auch verderblicher.« Eine große Bedeutung kam beiden Flüssen einst als Transportweg zu: Flößerei auf der Iller, Donauschiffahrt. Darüber hinaus wurde die Wasserkraft von Iller und Donau nach deren erster Begradigung in der Mitte des vorigen Jahrhunderts verstärkt zur Energiegewinnung herangezogen, wodurch die Voraussetzungen für eine rasche Industrialisierung beider Flußtäler gegeben waren. Der Abbau hochwertigen Schotters und die Trinkwassergewinnung sind als wichtige Nutzungen hinzugekommen. Daß alldies nicht ohne weitreichende Auswirkungen auf die Raumstruktur blieb und die ökologischen Verhältnisse nachhaltig beeinträchtigte, liegt auf der Hand. Derzeit wird der begradigte Grenzfluß zwischen Bayern und Württemberg »naturnah umgebaut«. Das heißt: Zwischen Dietenheim und Illertissen versenken Arbeiter 500 Tonnen Stahlspundwände und hieven Bagger 15 000 Tonnen aus dem Schwarzwald herbeigekarrte Granitbrocken in den Fluß, um seine ungeheure Kraft – Folge der Begradigung – zu brechen!

Die schon 1842 begonnene »Korrektur« der Donau hinter Sigmaringen machte diese stromabwärts immer mehr zur Hochwasserabflußrinne. Der Fluß fraß sich in den Untergrund, der Grundwasserspiegel sank, die Auen verödeten. Nun soll die Donausohle wieder höhergelegt, sollen längst vertrocknete Altarme reaktiviert werden. Hinter Riedlingen hingegen wird die begradigte Donau ausgebaggert, weil Kiesablagerungen im Flußbett mitbewirken, daß schon bei geringfügig erhöhter Wasserführung die Auen überschwemmt werden. Und weil sie infolge der Begradigung zu schnell fließt (auch Flüsse sollten schneller ankommen), wurden riesige eiserne Bremsschwellen eingebaut. Die teils brüchig gewordenen Schutzdämme müssen stabilisiert, die Vorlandflächen von Auflandungen befreit und der Sohle-Erosion muß entgegengewirkt werden... Das alles schafft Arbeitsplätze und läuft unter »Gewässerunterhaltungsmaßnahmen«. Erlen und Weiden waren die besseren Uferbefestiger. (Immerhin: eine »Renaturierung der Flußlandschaft Donau« zwischen Sigmaringen und Zwiefaltendorf ist im Gang. Der Fluß soll sich sein Bett wieder selber suchen dürfen.)

Und die Seen? Mit herkömmlichen Mitteln sind sie nicht mehr zu retten. Sie gehen an ihrer »Altlast« zugrunde, sterben von unten her ab. Zu groß unter anderem die Phosphor- und Stickstoffbelastung, Überdüngung also. Zum Beispiel der Schreckensee im Kreis Ravensburg: In der Tiefenzone fördert Schwefelwasserstoff eine Massenentwicklung von Schwefel und Methanbakterien und vergiftet jedes höhere Leben. Über dem Grund kommt es zu einer extremen Anreicherung von Fäulnisprodukten. Jetzt besteht ein Sanierungskonzept für Seen und Weiher. (Komplizierte und aufwendige Versuche nach der Methode der Tiefenwasserableitung im Bad Waldseer Stadtsee scheinen erfolgreich.)

Aber bitte – das wunderbar klare, grünblaue Wasser der Kiesbaggerseen! Die schöne Lau im Blaubeurer Blautopf könnte neidisch werden. In der Tat durchlöchern Kiesgrubenbetreiber allenthalben das Land. Der Eiszeitsegen aus Schotter und Kies scheint unerschöpflich. Ist es aber nicht. Jeder dieser Eingriffe ist Land- und Naturzerstörung. Dabei geht es bei derlei Raubbau nicht nur um Abtragung, Einebnung und Durchlöcherung; noch verhängnisvoller sind die langfristigen Folgen, da Kies und Sand das Trinkwasser speichern und filtern, zugleich tieferliegende Grundwasservorkommen schützen. Manche Grube wird gar mit verseuchtem Schutt und Müll angefüllt... Denn der Müllnotstand ist auch hierzuland groß. Ulm, zum Beispiel, karrte einen Teil seiner täglich anfallenden 170 Tonnen Müll bislang ins tiefste Frankreich. Als ob sie dort keinen hätten.

Wo denn da die Natur blieb? Das fragt sich mit Recht. Der grüne Schein trügt. Im Jahr 1989 standen ganze 1,2 Prozent der Fläche des Kreises Biberach unter Naturschutz, im Kreis Ravensburg nicht viel mehr. Der Landschaftsverbrauch ist enorm: Die Siedlungsfläche wächst und wächst – das hört sich wie Welterweiterung an; geht aber auf Kosten der Landwirtschaftsfläche. Diese Fläche nahm allein im Kreis Biberach Jahr für Jahr um durchschnittlich 142,4 Hektar ab. Die Siedlungsfläche – darunter fällt Bauland, fallen Flächen für Straßen, Sport-, Flug- und Militärübungplätze, Friedhöfe, Ziergärten, Parks – wuchs von 11 688 Hektar im Jahr 1983 auf inzwischen weit über 13 000 Hektar an.

Die letzten Moore – Wasserspeicher und Restreservate einer reichen Pflanzen- und Tierwelt – gehören, weil sie aus der Nacheiszeit stammen, zu den charakteristischen Überbleibseln oberschwäbischer Natur. Die drei größten sind: das Wurzacher Ried, ein 14 Quadratkilometer großes Hochmoor (Bergkiefern, Birkenbruch, Riedgehölz, Tümpel); das Flach- und Hochmoor des Federsee-Rieds; das renaturierte Hochmoor Pfrunger Ried. Viele Moorgebiete, so das Wilde Ried zwischen

Winterstettendorf und Unteressendorf oder das Ummendorfer Ried, dienten jahrhundertelang der Torfstecherei; manche heute noch, nicht mehr zu Heizzwecken, sondern für den fragwürdigen Bedarf der Gartenbesitzer. Ausgetorfte Moore aber brauchen Jahrhunderte zur Neubildung der abgetragenen Schichten; außerdem bewirkt die Austorfung eine Senkung des Grundwasserspiegels und entzieht Flora und Fauna den Lebensraum.

Bleiben die Friedhöfe, die verlassenen Kiesgruben und »Biotope«. Orts- und Gewandnamen von Füramoos bis Weiherwiesen halten das Andenken an die Natur aufrecht.

Läßt sich übrigens, was beispielsweise den durch ungeklärte Abwässer und durch Düngung des Umfelds geschundenen Federsee angeht, nach wie vor von einer reichen Pflanzen- und Tiervielfalt sprechen? Schwertlilien, Sumpfdotterblumen, Wasserranunkeln, Prachtnelke, Karlsszepter, Teufelsabbiß – gibt es sie noch, all die »Wassergewächse, zwischen denen sich die Fische tummeln (und in der Tiefe der Federseeweller)«, von denen Michel Buck schrieb? Bleßhühner und Haubentaucher, gewiß, Rohrdommeln, Wildenten und Kiebitze, Möwen, Graureiher und gelegentlich noch Störche. Und wieviel Großschmetterlingsarten? Über 50 Arten sind jedenfalls ausgestorben. Auch 12 der 14 einst einheimischen Froscharten sind bedroht. Daß zum Beispiel die paar Störche, besondere Zierde Oberschwabens, noch kommen, bei alljährlich schlimmen Brutverlusten, ist fast nur philosophisch erklärbar: Störche sind Traditionalisten. Selbst im Federseegebiet finden sie immer weniger Nahrung und müssen zunehmend weiter fliegen, um sich und ihre Jungen durchzubringen. Zumeist bleibt's bei Regenwürmern. Nicht nur Frösche und Molche, auch Mäuse werden immer rarer. Von 196 Brutvogelarten unserer Gegend waren 1989 bereits 104, also über die Hälfte, ausgestorben oder gefährdet, desgleichen die Hälfte der Singvogelarten. Zugvögel wenigstens beleben im Frühjahr und Herbst geschwind das eine oder andere Naturschutzgebiet, bevor sie – behüt dich Gott, schöne Gegend – aufbrechen und weiterziehen...

Im Schwarzachtal
In the Schwarzach valley
Dans la vallée du Schwarzach

Der Häcklerweiher bei Blitzenreute
The "Häcklerweiher" (pond) near Blitzenreute
L'étang Häcklerweiher près de Blitzenreute

Torfstecher im Gründlenried
Peat cutter in the Gründlen marshes
Tourbier dans le marais de Gründlenried

Rochuskapelle bei Wallenreute
Rochus chapel near Wallenreute
La chapelle St-Roch près de Wallenreute

Leistungsgesellschaft:
Schweinemarkt in Riedlingen
Meritocracy:
Pig market in Riedlingen
Une société basée sur le rendement:
Le marché aux cochons à Riedlingen

Besamungsstation in Herbertingen
Insemination station in Herbertingen
La station d'insémination d'Herbertingen

Viehhändler und Bauern
Livestock dealers and farmers
Marchands de bétail et agriculteurs

Landwirt aus Grodt
Farmer from Grodt
Cultivateur de Grodt

Dorf im März

Die Höfe im ranzigen Schnee stehen
quer und schief zueinander, verschwunden
im Morgennebel die Masken aus Gassen
kommen rote Bäche geflossen
windverbissen jault der Kettenhund aber
in ihren Gitterställen die Rinder
brüllen nicht mehr

alle Bäume sind weggelaufen
die Wirtshäuser leer seit die Straße
sich aus dem Staub gemacht hat und
der Bahnhof davonfuhr

Wuhrkapelle in Kappel vor Bad Buchau
"Wuhr" chapel in Kappel near Bad Buchau
Chapelle «Wuhr» à Kappel, juste avant Bad Buchau

Rauch beschuldigt den Himmel
widerlegt von Glocken der Kirchturm
wankt die Vögel stürzen betört durcheinander
unangefochten vom zeitdurchstreichenden
Lärm der Tiefflieger liegen im
Rücken des Dorfs hangüber
kopfunter die Toten

auch kräht hier der Hahn noch
steigt der Fluß übers Ufer
kehren die Störche zurück –

Werner Dürrson

Landwirt aus Illmensee mit seiner »Heuma«
Farmer from Illmensee with his "Heuma"
Cultivateur d'Illmensee avec sa «Heuma» (machine à récolter le foin)

Im »Bannholz« bei Wolfegg
In the "Bannholz" near Wolfegg
Dans le «Bannholz» (bois réservé) près de Wolfegg

Holzhof von Waldburg zu Zeil
Timber yard Waldburg zu Zeil
Propriété du «Holzhof» de Waldburg zu Zeil

Holzbefeuchtungsanlage
Wood damping plant
Station d'humidification pour le bois

Winter in Oberschwaben: Blitzenreute
Winter in Upper Swabia: Blitzenreute
Hiver dans le Haut Pays Souabe: Blitzenreute

Bei Witschwende
Near Witschwende
Près de Witschwende

Schäfer im Schwarzachtal
Shepherd in the Schwarzach valley
Berger dans la vallée du Schwarzach

Witschwende 0.5 km

Alternative Finkhof e. G. in Arnach
Alternative Finkhof in Arnach
Ferme biologique du «Finkhof» (coopérative) à Arnach

Jungpflanzenkultur bei Riedlingen
Plantation for young plants near Riedlingen
Culture de jeunes plants près de Riedlingen

Getreidebereinigen auf der Domäne Lichtenfeld
Cleaning the grain in the province of Lichtenfeld
Nettoyage des céréales au domaine de Lichtenfeld

Bereinigtes Land unter oberschwäbischem Himmel
Settled land under the sky of Upper Swabia
Terre nettoyée sous le ciel du Haut Pays Souabe

Beutelsau

Pfärrich

Riedlings

Ich soll für Eure
neue Straße sterben
ich auch

Spinnenhirn

Witschwende 1 km

Grünkraut
Lkr. Ravensburg

Lachen

Hotterloch

Am Schorren
Stadt Bad Schussenried
Landkreis Biberach

Badstuben

Mühlebachsau

Reibeisen

Sauggart
Gde. Uttenweiler
Landkreis Biberach

Baindter Steige
weg?
sind wir denn
der letzte Dreck

Sausenwind

Rosenharz
Gde. Bodnegg
Lkr. Ravensburg

Mailand
Große Kreisstadt Leutkirch
Lkr. Ravensburg

Hundsrücken

Oberschwäbisch – das ist gewachsene Bauernsprache, ohne Pathos, ohne (falsche) Höflichkeit, bodenständig wie Schotter und Kies, so klingt sie auch: rollend, konkret, bildhaft-sinnlich, drastisch, wenn's sein muß. Sie hat viele Nuancen, die der Hochsprache unerreichbar sind. Ein Dialekt, der einerseits Buchstaben spart (DO GHERT DREI-GSCHLAGE!), andererseits die Vokale gern dehnt und immer noch mittelalterlich diphthongiert (EN GUATE KUACHA). Der Oberschwabe sagt nicht gern viel; dialektisch denkt er auf alle Fälle (S'ISCH WENIG GNUAG); bringt deshalb nur ungern ein klares Ja oder Nein heraus, weil er immer auch die Gegenmeinung bedenkt (JO, ABER SO ISCH'S NO AU WIEDER!). Nachdenklichkeit und verzögerte Entscheidung sind ihm deshalb ebenso eigen wie das Beharren auf dem einmal gefaßten Entschluß.

Was ist ein Oberschwabe? – Nicht aufs Wams klopfen, das staubt sonst, sagt einer. Viel Freundlichkeit hält sich in Kleinstädten. Hingegen sei der bäuerliche Mensch gern OIZECHT und zeichne sich durch sein geringes Mitteilungsbedürfnis aus. Wer viel Besuch bekommt, die Verwandtschaft nicht mitgerechnet, UFF DEN ZOIGET D'LEIT, DO ISCH NET ÄLLES WIAS SEI SOLL. Auch gegenseitig besucht man sich nicht auf dem Land, schimpft lieber aufeinander, pflegt den eigenen Zwist. Man sieht sich EN DR KIRCH und bei den vielen örtlichen Festen.

Stimmt noch, was Michel Buck im vorigen Jahrhundert über seine Landsleute schrieb? Eine gewisse Noblesse charakterisiere den Oberschwaben ebenso wie derbe Offenheit, ein gewisses zähes Festhalten am Althergebrachten – noch heute hilft mancher Zauber besser als Pillen von Thomae –, und ein sehr empfindliches Rechts- und Ehrgefühl. Auf einen Vergleich läßt sich der Oberschwabe nicht ein. Er sei ein »geborener Raufer«, behauptete Buck für seine Zeit, und in den ledigen Jahren »zu kriegerischen Unternehmungen sehr geneigt«. (In moderner Umsetzung vermutlich das hier besonders beliebte Rasen mit dem Auto.) Seine körperliche Überlegenheit samt der Neigung zur Beleibtheit komme wohl daher, daß bei ihm »das Fleischessen ins Immense« gehe. 1992 fielen solcher Fleischeslust allein im Kreis Biberach 84 000 Schweine zum Opfer. Daß ihm das Gestern mehr gilt als das Heute, daß seine geistige und leibliche Beweglichkeit mäßig ist und er Entwicklungen zu fördern lieber der Technik überläßt, mag auch stimmen. Auch, daß er seine Wahlstimme so getreu der CDU abliefert wie ehmals den Zehnten an den Fürsten oder Abt.

NOI, HA-A. Das mit den altherkömmlichen Eigenschaften gilt nur noch bedingt. Zwar gehören manche der Jungen der Blasmusik an, der Katholischen Jugend, machen mit bei der Feuerwehr oder im Schützenverein, den Narrenverein nicht zu vergessen. Aber das Gros der Jugend begibt sich längst wie anderswo ins Gestampfe der Disco-Rhythmen, während die Eltern im Fernsehkasten die Welt vorbeirauschen sehen. Jeder Zwölfjährige weiß auch hier über jede Motorradmarke Bescheid; der Führerschein ist wichtiger als die Firmung. Sie tragen, was alle tragen, in Biberachravensburgulm wie in Münchenhannoverberlin, teils schicke und teure Benetton- und Saint-Laurent-Klamotten, die Haare mit Spray und Gel fassoniert, im Gesicht die Farben von Astor und Betrix, von Boss- und Jil-Sander-Düften umweht, voll durchgestylt, perfektes Outfit. Von innerer Erregung, politischer Wut keine Spur, sie sind cool, ganz von heute.

Verordnung und Brauchtum sind in Oberschwaben noch heute so nah beisammen wie Glaube und Aberglaube. Die Dorfbewohner waren zunächst einmal Untertanen, und die Herren bestimmten, was Pflicht, ja sogar was Freude zu sein hatte und wie die Feste zu feiern waren. Kirchenzucht tat das übrige. Ob in Saulgau, Obermarchtal oder Waldsee – viel Abergläubisches hat in willkürlich-örtlicher Gesetzgebung seinen Grund, gleichgültig ob ein Landesherr, Klostervogt oder Schultheiß die Feder führte, Dorfordnungen formulierte, wie sie etwa für Mietingen (1492) oder Ummendorf (1494) überliefert sind oder im Vogtbuch des Klosters Zwiefalten. Daß die Wöchnerin ihren ersten Ausgang nach dem Gebären in die Kirche tun soll, andernfalls Unheil drohe – dergleichen war obrigkeitliche Verordnung, Warnung, und wurde Brauch. Anders als in Unterschwaben, wo die protestantischen Pfarrer in Bilderstumtradition die Festes- und Farbenfreuden ausgetrieben und dafür die Arbeitssüchtigkeit eingepflanzt haben, blieb Oberschwaben sich treu, kann sich hier jeder Anachronismus auf Tradition berufen. Das lehrt die FASNET, Hauptereignis im Jahresablauf.

Nichts, kein christliches oder politisches Engagement (Blutritt und Schützenfest ausgenommen), kommt dem für die Fasnacht gleich; für keine Sache der Welt wird so vehement auf die Straße gegangen. Die christliche Maske wird mit der heidnischen ungeniert vertauscht; Vermummung, bei Demonstrationen verboten, ist absolute Bedingung. Ob das den Winter austreiben hilft oder nur dem Bedürfnis, »die Sau rauszulassen«, bleibt ungewiß. Zumal in den einst vorderösterreichisch-katholischen Land- und Donaustädten Ehingen, Munderkingen, Riedlingen, Saulgau und Bad Waldsee – die sich im ausgehenden 18. Jahrhundert (nicht früher!) zu Fasnachtshochburgen reckten – spielt sich das befreiende Treiben ab; aber längst auch, mit weniger traditionsverbriefter Ekstase, in den ehemals freien Reichsstädten und überhaupt im ganzen Oberland. Die meisten Zünfte samt Masken freilich sind Nachkriegsware.

Da werden Rathäuser im Handstreich genommen, Schulen befreit, Hexen losgelassen, überhaupt alle erdenklichen

Zigarettenpause beim Weingartener Blutritt
Cigarette break during the Blutritt (annual parade) in Weingarten
Le temps de fumer une cigarette lors de la procession du «Blutritt» à Weingarten (procession à cheval en l'honneur du Précieux Sang)

Erntedankaltar in Gutenzell
Altar decorated for harvest festival in Gutenzell
Autel dressé pour la fête de récolte

Sauschwänz und Buabaschpitzle aus dem »Hirschen« in Saulgau
"Sauschwänz" and "Buabaschpitzle" (culinary specialities) at the "Hirschen" in Saulgau
«Sauschwänz und Buabaschpitzle» (queues de cochon et nouilles aux pommes de terre au restaurant «Hirschen» à Saulgau

Auf dem Schützenfest in Biberach
At the shooting fair in Biberach
Fête du tir à Biberach

kirchlichen Negativfiguren haben das Sagen; Höllenzünfte mit ihren Gole, Schnättele, Schnörkele, Riedmeckeler, Muckenspritzer, ihren Faselhannes, Hopfennarren, Schloß- und Weingeistern, Knitzele, Role. Und die Vereine, vornehmlich in militärischem oder paramilitärischem Aufzug, nehmen mit Pauken, Trompeten oder Feuerwehrspritzen an dem Mummenschanz teil, dessen offizieller Auftakt in den Städten am GLOMBIGEN DONSCHTIG das Narrenbaumsetzen ist.

Jeder närrische Ort hat seine Besonderheiten, vom Moorochsenball (Bad Buchau) über Prunksitzungen (Bad Schussenried) bis zur Bach-nab-Fahrt (Eberhardzell); vom Gole-Einzug, Weiberball und Froschkutteln-Essen (Riedlingen), von der Kinderfasnet (Schemmerhofen) bis zur Narrenmesse (Biberach) und der Klosterübergabe (Rot an der Rot). Strenge Regeln walten hinter dem chaotischen Spektakel. So ist, nicht nur in Riedlingen, den Frauen nach wie vor verboten, die älteren Traditionsmasken zu tragen; sogar die »Besenweiber« sind Männer und haben, nach neuerem Narrenratsbeschluß, weiterhin solche zu sein. Dazu paßt, daß die FASNET nach wie vor – Hoyerswerda hin, Rostock her – ihren Höhepunkt und Abschluß im Hexenprozeß und der rauschhaft bejubelten – ehmals real existierenden – Hexenverbrennung hat. Dem folgt der Funkensonntag mit seinen Feuern auf Hügeln und Anhöhen.

Gegen Ende der Fastenzeit bringt der Palmsonntag die erste der oberschwäbischen Prozessionen. Die dabei mitgeführten »Palmen« sind kronenförmig gebogene, mit Buchs umwundene und mit buntgefärbten Eiern, Äpfeln, goldenen Holzkreuzchen und Bändern verzierte Haselzweige; auf langen Stangen stehen sie während der Messe zur Weihe bereit und werden danach zu Schutz und Segen neben Haus- und Stalltüren aufgestellt. Nach dem Osterfest, nach dem Aufstellen des Maibaums und überaus spärlichen Signalen der Arbeiterbewegung zum 1. Mai – spurenreicher sind da schon die rüden Scherze Jugendlicher beim Maienstecken – und nach Maitanz-Veranstaltungen in fast jedem Ort, folgt die eigentliche Zeit der Wallfahrten, der Ösch- und Flurprozessionen und Patroziniumsfeste, für die der vollbestückte Heiligenkalender genügend Anlaß gibt. Kein Passionskreuz oder Bildstock, keine Kapelle in der flurbereinigten Sakrallandschaft, die ohne Blumen und Zuspruch von Bittgängern bliebe; keine Kirche, die nicht zu einem Ort blühender Festlichkeit würde. Dem folgen die unzähligen Fronleichnamsprozessionen, die mit Monstranz, Gebeten, Weihrauch und Liedern zu den Stationsaltären führen, über höchst kunstvolle Blumenteppiche wie – über Leichen. Ein wahrlich luxuriöser Naturopfergang, zu dessen Riten der Wettersegen gehört.

Die aufwendigsten kirchlichen Außenveranstaltungen sind die Reiterprozessionen, die oft zu Ehren eines Viehheiligen stattfinden, der das Vieh, samt Mastschweinen und Legebatterien vermutlich, vor Krankheiten schützen soll. Auch vor ihrem kurzen, aber lebenslänglichen Martyrium? Ob dies mitbedacht wird bei den Pfingstritten, beim Georgsritt zu Ochsenhausen, beim Wendelinsritt von Gutenzell und Hopferbach, beim Leonhardiritt in Gaisbeuren und Merazhofen, dem Martinsritt in Saulgau oder dem (winterlichen) Stefansritt in Eisenharz?

Die in Weingarten seit 1094 aufbewahrte Blutreliquie ist das Movens für den seit 1529 belegten Weingartener Blutritt. Am Blutfreitag im Mai, nach der Lichterprozession und der Festpredigt des Vorabends, trägt sie der sogenannte Blutreiter im Morgengrauen unter dem mächtigen Geläut der Hosanna-Glocke durch die Stadt und die umliegenden Felder. Um die 3000 Reiter nehmen teil, in schwarzem Gehrock, schwarzen Hosen, weißen Handschuhen und mit Zylinder, auf herausgeputzten Pferden (im Jahr 1753 sollen es um die 7000 gewesen sein)... Die Herren (nur Herren!) beten mit großer Ausdauer den Rosenkranz, wobei angehalten wird an den vier Stationsaltären. Dort erwarten sie Pilgergruppen und Priester zu kurzen Andachten und zum Segen der Reliquie. Auf dem Weg durch die Stadt werden die Reiter von Musikkapellen begleitet. Bevor die letzten Gruppen abgeritten sind, hat die Spitze der Prozession den Klosterhof bei der Basilika wieder erreicht, zum abschließenden Segen.

Dem Sommer gehören die weltlichen Kinder- und Heimatfeste, die, wie in Bad Schussenried das Magnumfest, längst zu wahren Volksfesten wurden. Allen voran das Biberacher »Schützenfest«, das seit dem Ende des 30jährigen Kriegs als großes Friedens- und Dankesfest gefeiert wird. Seine heutige Gestalt entwickelte es im 19. Jahrhundert; bis dahin war es noch eine Kindersache mit Spielen und Belohnungen. Der gigantische historische Umzug läßt in bewegten Bildern die wechselvolle Geschichte der Stadt und des Umlands von der Staufer- bis zur Bismarckzeit Revue passieren, nachdem Böllerschüsse vom Gigelberg das Ereignis in aller Herrgottsfrühe signalisiert haben. Im Mittelpunkt des Zuges gehen die Kaiserlichen und die Schweden. Musikkapellen, Bürgerwehrkapellen, Spielmanns- und Fanfarenzüge, Trommlercorps halten Zehntausende festfreudiger und -fiebriger Zuschauer in Schwung, die Liebe zu bunten Uniformen und alten Kostümen kennt keine Grenzen, der geschichtsträchtige Lindwurm scheint endlos, das Umland zeigt stolz seinen Pferdebestand, Weber- und Gerbergruppen führen ihr Handwerk vor, das »Schützentheater« agiert in »Bildern«.

Schlichte Wurzeln hat ursprünglich auch das Ravensburger »Rutenfest«: Auf ihrem Schulausflug schnitten die Kinder belaubte Zweige, mit denen sie in die Stadt zurückkehrten. Längst ist daraus ein Stadtfest geworden; seit 1732 mit »Oberstfähnrichen« und »Oberstköniginnen« (Ravensburgs Überlegenheitsgetue zeigt sich auch sprachlich) – das sind die Klassenbesten der (katholischen und evangelischen) städtischen Schulen. Traditionell wie der Festzug: das Rutentheater und das Adlerschießen mit der Armbrust, dessen Sieger alljährlich zum Schützenkönig erklärt wird. Zum Abschluß gibt es wie in Biberach ein Feuerwerk.

Überhaupt die Vereine: Kaum einer, der nicht sein Sommer-, sein Garten- oder Waldfest, sein Kirchplatz- oder Kapellenfest gibt; Bierzeltrummel, möglichst mit Tanz;

oder wenigstens eine Dorfplatzhockete mit viel Würsten, Saumagen, Sauschwänzen, Schweinehals, Knöchle, Schupfnudeln oder BUABASCHPITZLE mit Sauerkraut, je nachdem. Ob Bächtlesfest (Saulgau) oder Brunnenfest (Laupheim, Scheer), ob großes Herbstfest (Bad Buchau), Öchslefest (Ochsenhausen), Bähnlesfest (Tettnang), Seehasenfest (Friedrichshafen), Landesfamilienfest (Ravensburg) oder Schwörmontag (Ulm) mit dem traditionellen NA-BADA auf der Donau, wobei politische Prominenz ihr Fett abkriegt oder örtliche Aktualitäten karikiert werden – Anlässe zum Festen finden sich in Oberschwaben immer, und nirgends häufiger. Riedlingen, das freundliche Schul- und Viehstädtchen, mit über hundert Vereinen, hat seinen eigenen Vergnügungspark direkt vor dem Schlachthof, und in Biberachs alter »Schlachtmetzig« wurde und wird Theater gespielt.

Während das südliche Oberschwaben im Herbst, wenn das Jungvieh von den Sommerweiden zurückkehrt, »Viehscheid« feiert, hat im nördlichen Kornland der Erntedank mit prächtigen Arrangements aus Blumen, Früchten und Gemüsen sein Fest; berühmt sind die Ernteteppiche in der Pfarrkirche zu Otterswang. »Sichelhenke« wird, auch im Zeitalter der Mähdrescher, in Dörfern wie Mettenberg noch gefeiert. Der November, Monat der Toten, hat am Elften zum Glück den Martinstag; Tag zugleich, der die Narren zu neuem Aufbruch weckt. Der Heiligenkalender bestimmt auch noch immer die Tage der Michaeli-, Georgi- und Gallusmärkte. Zu denen sind Umzüge und Festschmäuse angesagt, die man wahrnehmen muß, um UNTER D'LEUT Z'KOMMA, denn bis Weihnachten ist es noch weit. Dann kann – die Narren voraus – das Fest- und Brauchtumsprogramm wieder von vorne beginnen.

Die Kirche bleibt im Dorf und auch in der Stadt. Ihr theatralischer Zug tritt in einer so festfreudigen Gegend besonders zutag. Längst sind auch die Wallfahrten wieder im Schwang, nachdem sie der Habsburger Joseph II., Freund der Wissenschaften und der Aufklärung, um 1784 abgeschafft hatte. Vom »Grüß Gott« schwirrt die Luft bis in die Wirtshäuser, Metzgereien und Apotheken hinein; jede Bank hat ihr Kruzifix, es hängt in den Schul- und Behördenzimmern und überm Gemeinderat. Obwohl die Macht der Kirche in Oberschwaben nach wie vor groß ist, treten – auch hier – immer mehr Christen, müde geworden, aus. Dennoch: Die Hörigkeit, der Gehorsam gegenüber der Kirche ist in allen Bereichen oberschwäbischen Denkens und Handelns noch immer aufs stärkste verinnerlicht. Aufbegehren, Protest- und Mahnläuten nicht nur fürs ungeborene, sondern zumal fürs geborene Leben – an Mariä Verkündung etwa für die vergewaltigten Frauen oder sexuell mißbrauchten Kinder, an St. Nepomuk gegen die Ausländerfeindlichkeit oder am Tag des hl. Franziskus gegen das Martyrium der Tiere in den Ställen und Laboratorien – derlei könnte die kirchliche Szene beleben! Prozessionen zum Schutz der Natur! Freilich ist weit und breit kein Abraham a Sancta Clara in Sicht.

Einer der raren Kirchenmänner, die im Dritten Reich den Widerstand lehrten, war der »Bekennerbischof« Joannes Baptista Sproll, 1870 in Schweinhausen bei Biberach geboren, den die Machthaber im August 1938 aus seinem Rottenburger Amt vertrieben.

Nur allzu oft war der Kirchengehorsam verquickt mit der Staatshörigkeit. Auch die oberschwäbischen Heilanstalten waren in die Euthanasie-Aktionen des Nationalsozialismus einbezogen, so die Heilanstalt Schussenried, die Pflege- und Bewahranstalt Heggbach, die Piuspflege in Oggelsbeuren, die Erziehungsanstalt zum Guten Hirten in Untermarchtal; die Pflegeanstalt Liebenau ebenso wie die Heilanstalten Zwiefalten und Weißenau; die Zieglerschen Anstalten in Wilhelmsdorf wie die Landesfürsorgeanstalt Riedhof in Ulm oder die St. Annapflege in Leutkirch.

Zum Beispiel Weißenau. Gleich Zwiefalten und Schussenried wurde das bei Ravensburg gelegene Kloster nach der Säkularisation einer »weltlichen« Bestimmung zugeführt, das heißt: in eine »Irrenanstalt« umfunktioniert. Für die vorgesehenen 500

Alter Soldatenfriedhof bei Obermarchtal.
(»Hier ruhen über tausend Soldaten europäischer Völker aus Kriegen zweier Jahrhunderte ...«)
Old soldiers' cemetery near Obermarchtal.
("Over a thousand soldiers from European nations, slain in the wars of two centuries, rest here.")
Ancien cimetière militaire près d'Obermarchtal.
(«Ici reposent plus de deux mille soldats des peuples européens morts au cours des guerres des deux siècles.»)

Patienten und 100 Mitarbeiter wurde die Abtei umgebaut und erweitert. Schon bald fanden auch heilbar Kranke Aufnahme in der Pflegeanstalt, die 1903 den Titel »Königliche Heilanstalt« erhielt. Nach dem Ersten Weltkrieg – Weißenau diente damals als Reservelazarett – hob neue Bautätigkeit an; die Zahl der Patienten war auf über 700 angestiegen. Die Beschäftigungstherapie erwies sich als erfolgreich: Hunderte von Patienten in Gartenkolonnen, in der Landwirtschaft und den Wirtschaftsbetrieben trugen dazu bei, daß zunehmend Überschüsse erzielt wurden – 1933 zum Beispiel stolze 165 000 Reichsmark. Damals lebten 899 Patienten in der jetzt größten Anstalt Württembergs, die erfolgreich versuchte, der Diskriminierung der »Verrückten« vehement entgegenzuarbeiten. Dem machte der Nationalsozialismus ein jähes Ende. Aufgrund der Erbgesundheitsgesetze wurden zwischen 1934 und 1939 genau 299 Patienten sterilisiert. Dem folgte die als »Gnadentod« verbrämte Aktion zur Vernichtung »lebensunwerten Lebens«, das Euthanasie-Programm: Von den 1033 Weißenauer Patienten im Jahr 1939 waren

1943 noch 174 übriggeblieben… Heute ist die Weißenau ein Psychiatrisches Landeskrankenhaus (Universität Ulm) mit Neurologie, Erwachsenen-, Kinder- und Jugendpsychiatrie. Ort auch kultureller Bemühungen.

Hingegen Wilhelmsdorf: Dort sollten im Sommer 1940 auch die Taubstummen der Zieglerschen Anstalten erfaßt werden. Der Leiter, Inspektor Hermann, weigerte sich und schrieb am 6. August an seine Behörde: »Ich kenne den Zweck dieser planwirtschaftlichen Erfassung… Ich habe einfach die Überzeugung, daß die Obrigkeit mit der Tötung gewisser Kranker ein Unrecht begeht… Mit der Vernichtung eines solchen Kranken oder einfach unnormalen Familien- und Anstaltsgliedes handeln wir gegen Gottes Willen. Das ist es, warum ich in dieser Sache nicht mitmachen kann. Es tut mir leid, aber man muß Gott mehr gehorchen als den Menschen. Ich bin bereit, die Folgen meines Ungehorsames auf mich zu nehmen.« Heimleiter Hermann, ein Schweizer, blieb trotz seines einsamen Widerstandes im Amt. Von den 110 Taubstummen wurden später »nur« 18 weggeholt.

Kleine jüdische Wohnbezirke mit Synagogen gab es in Ravensburg und Aulendorf, doch war die Zahl der Juden dort nie hoch; meist waren es Handels- und Geschäftsleute, in Weißenau und Wilhelmsdorf auch Patienten. In Biberach ist es – nach Ausweisung einzelner Juden um 1589 – nie zur Bildung einer jüdischen Gemeinde gekommen. Hingegen bestand bis 1672 in Mittelbiberach eine solche, desgleichen in Ober- und Untersulmetingen. Vereinzelt lebten Juden in Achstetten, Altheim, Bad Schussenried, des weiteren in Grüningen, Ertingen, Maselheim, Ochsenhausen, Alberweiler und Oggelshausen; in Orsenhausen (Schwendi) gab es – mit Unterbrechungen – vom 15. bis 17. Jahrhundert eine jüdische Gemeinde. Bedeutend war der jüdische Anteil in Laupheim. Von den 3500 Bürgern des Orts waren zeitweise 900 jüdisch. 1933 waren es nurmehr 240. Die brachten noch immer 50 Prozent des Gewerbesteueraufkommens in die Stadtkasse.

In Buchau zum Beispiel, der Freien Reichsstadt, waren Juden erstmals um 1382, dann wieder seit 1575 ansässig. Die Gemeinde war im 19. Jahrhundert mit 800 Gläubigen die zweitstärkste in Württemberg, nicht mitgerechnet die Diaspora, die bis nach Ravensburg, Leutkirch, Wangen im Allgäu, Riedlingen und Saulgau reichte. Die alte Synagoge wurde 1839 durch eine größere ersetzt, zu deren Bau König Wilhelm I. von Württemberg 800 Florin stiftete. Als vermutlich einzige Synagoge der Welt besaß sie einen Glockenturm. Viele jüdische Dienstleistungs- und Gewerbebetriebe trugen zum Aufblühen des Städtchens bei. Die Trikotfabrik Hermann Moos AG bot bis zu 450 Arbeitsplätze. Mancher jüdische Buchauer brachte es zu weltweitem Ansehen; so stammte Albert Einstein (1879–1955) aus Buchau: Seine Vorfahren waren seit 1665 dort ansässig, und die Familie zog erst wenige Monate vor seiner Geburt nach Ulm. Und wie andere Buchauer Bürger, mit denen sie friedlich die Schulbank drückten, gaben die Juden im Ersten Weltkrieg in den Ardennen und im Osten ihr Leben fürs »Vaterland«.

Der Nationalsozialismus begann auch in Buchau nicht über Nacht. Erst eine zunehmende Hetzpropaganda brachte es im April 1933 – das Städtchen hatte damals 2300 Einwohner, von denen 10 Prozent jüdisch waren – dahin, daß die jüdischen Geschäfte und Läden boykottiert wurden. Gleichwohl war im November 1938, in der sogenannten Reichskristallnacht, die Buchauer Bevölkerung – mit Ausnahme eines Lehrers und zweier Bürger – nicht willens, die Synagoge anzuzünden. Von Ochsenhausen, einer damaligen Hochburg der Nationalsozialisten, kamen – so wird berichtet – in der Dunkelheit SA-Leute mit Brandmaterial angerückt. Nur ein kleiner Teil der Verfolgten konnte auswandern; die meisten jüdischen Bewohner Buchaus wurden zwangsdeportiert. Nur vier von ihnen – in Laupheim kein einziger! – überlebten die Gaskammern.

Der jüdische Friedhof mit teils dreifach übereinander liegenden Gräbern trägt große Namen der jüdisch-deutschen Kultur- und Geistesgeschichte. Am Ort der einstigen Synagoge bekundet seit kurzem eine zweite große Bronzetafel das Schicksal der ehemaligen Mitbürger. Wem der Atem nicht stockt, wenn er die nackte Hofgartenstraße weitergeht, in der auch das Einstein-Haus steht, der mache einen Abstecher zur ehemaligen »Feierhalle« der Nationalsozialisten. Der jetzt überputzte und zu einer »Reha-Klinik« umfunktionierte Backsteinbau wurde 1937 errichtet als Stätte für damalige Partei- und Jugendfeiern, die nicht nur die Juden das Fürchten lehrten, sondern auch gegen die Christen standen von nebenan in der Stiftskirche; mit Vorzug fanden diese Kundgebungen am Sonntagmorgen während des Gottesdienstes statt…

Psychiatrisches Landeskrankenhaus Weissenau.
Bilder aus der Maltherapie
Psychiatric hospital in Weissenau.
Pictures from touch therapy
Hôpital psychiatrique régional de Weissenau.
Tableaux réalisés en séances de thérapie par la peinture

Der jüdische Friedhof in Bad Buchau
The Jewish cemetery in Bad Buchau
Le cimetière juif à Bad Buchau

Johannes Ziegler, Gründer der »Zieglerschen Anstalten« in Wilhelmsdorf
Johannes Ziegler, founder of the "Ziegler Institute" in Wilhelmsdorf
Johannes Ziegler, fondateur des «Etablissements Ziegler» à Wilhelmsdorf

Ravensburg, Heiliggeist-Spital
The Heiliggeist (Holy Ghost) hospital in Ravensburg
Ravensburg, Hôpital du St-Esprit

JOHANNES
ZIEGLER

Hier ruht
Emanuel Weil
geb.18.9.1811
gest.25.11.1873
Denkmal
für
Samuel A. Einstein
geb. 25. Jan. 1819.
gest. 15. Sept. 1880.
שמואל בר אברהם

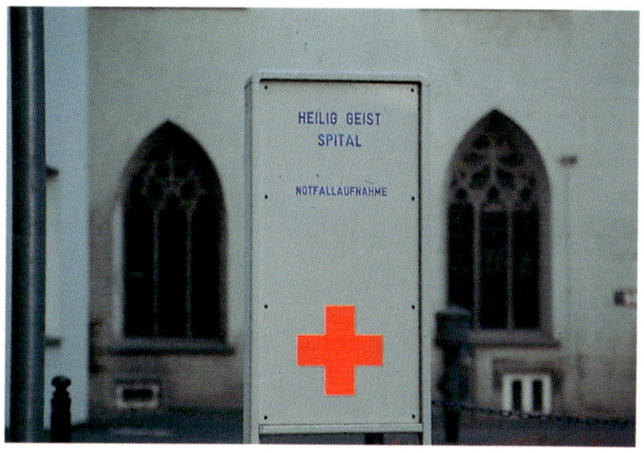
HEILIG GEIST
SPITAL
NOTFALLAUFNAHME

Hexensetzen in Saulgau
Exhibiting witches (before burning) in Saulgau
Rencontre des sorcières à Saulgau (carnaval)

Der »Zennenmacher«, will heißen: Grimassenschneider
The "Zennenmacher", dialect for the "face-puller"
Le «Zennenmacher», ce qui veut dire le faiseur de grimaces

Der »Dorausschreier«. Bittet um Essen für die Pestkranken vor der Stadt
The "Dorausschreier". Asks for food for those stricken with the plague outside the town gates
Le «Dorausschreier» (le crieur public). Il demande à manger pour les malades atteints de la peste devant les murs de la ville.

Fronleichnamszug in Muttensweiler
Corpus Christi procession in Muttensweiler
Procession de la Fête-Dieu à Muttensweiler

Fronleichnamsaltar in Emerkingen . . .
Corpus Christi altar in Emerkingen . . .
Autel dressé pour la Fête-Dieu à Emerkingen . . .

... und in Mittelbiberach
... and in Mittelbiberach
... et à Mittelbiberach

Beim Blutritt in Weingarten:
Honoratioren auf dem Rathausbalkon ...
At the "Blutritt" in Weingarten:
Digniaturies on the balcony of the town hall ...
Lors de la procession du «Blutritt»
(Procession à cheval en l'honneur du Précieux Sang) à Weingarten:
Notables sur le balcon de l'hôtel de ville ...

... Akteure im Klosterhof
... Participants in the monastery courtyard
... Acteurs dans la cour du monastère

Beim Schützenfest in Biberach
At the shooting fair in Biberach
A la fête du tir à Biberach

Kinderumzug beim Rutenfest in Ravensburg
Childrens procession at the "Rutenfest" in Ravensburg
Défilé des enfants lors de la «Rutenfest»
(fête des verges) à Ravensburg

Schade, daß ausgerechnet über Oberschwaben kein großer Dichter auf der Durchreise goldene Worte verloren hat. Die könnten wir brauchen, so dringend wie Bodenschätze (außer Schotter und Kies). Barockkirchen befriedigen nicht jeden, und mancherorts wären, zur Not, auch gottlose Touristen willkommen. Wahr ist: Oberschwaben galt in den Reiseberichten des 18. Jahrhunderts (davor gab es derlei kaum) als der »finsterste und unaufgeklärteste Teil« von Schwaben. Bildungsreisen, Kavalierstouren waren damals den Wenigen einer Oberschicht vorbehalten und führten in mondänere Gegenden, in Städte zumal oder außenherum zum Bodensee; Chausseen gab es hier nicht. Die Klöster mit ihrer Kultur gerieten nur selten ins Blickfeld der Reisenden (Herzog Carl Eugen, immerhin, verfaßte ein Tagebuch seiner Inspektion oberschwäbischer Klöster.) So konnte diese Landschaft in den Ruch kommen, hier stecke »fast alles noch in Barbarey, in Hexen- und Gespensterfinsternis«, und freilich wurde auch auf die Räuberbanden hingewiesen und auf den Bettel im Gefolge des 30jährigen Kriegs.

Im 19. Jahrhundert, zumal mit dem Anschluß ans Schienennetz und damit an die übrige Welt, relativierte sich Oberschwabens Rückständigkeit, die ihm heute zum Segen gereicht – diesem undramatischen, lyrisch-epischen (nein, nicht prosaischen) Land: Weit entfernt von Großstädten und Ballungszentren, wurde es nicht zum Naherholungsgebiet mit durchorganisiertem Freizeitangebot und Massentourismus umfunktioniert. Seine Seele hat es dadurch behalten.

Die Bäder, anders gesagt: Krankheiten und Gebrechen erbringen gute Übernachtungskapazitäten. Das wissen die Moor-, Thermal- und Kneippbäder entlang der »Bäder-Straße« von Schussenried über Waldsee bis Wurzach, gleich denen in Saulgau, Buchau, Aulendorf, Biberach und Kißlegg. Mitbringen sollte der Kurgast eins der chronischen Rheumaleiden, degenerative Gelenkveränderung, Wirbelsäulenschmerzen und anderes Ungemach am Bewegungsapparat; aber auch gegen Streßfolgen ist das Heilwasser dienlich, das in Oberschwaben so üppig fließt. Allenthalben schießen weitere Kur- und Gästehäuser aus dem Boden, Entspannungskultur inklusive; daran hängen sich dann die örtlichen Vereine, von der Blaskapelle bis zur Trachtengruppe. Auch die Gaststätten können mit Kundschaft rechnen.

Bad Buchau, das jahrhundertelang nur ein bescheidenes Judenbad besaß, ist, mit Therme und Moorwasser, doppelt gesegnet; dort steht ein düsterer Komplex vor mondänem Park, wirbt mit »Oberschwabens größtem Thermalbadeangebot«. Die seit 1985 betriebene, nach den drei gleichnamigen Stiftsfrauen benannte Adelindis-Therme fördert aus 800 Metern Tiefe (aus dem Malm, dem hier bereits so tief lagernden Weißen Jura) ihr schweflig mineralisches Heilwasser mit 47° Celsius zutag. Die Saulgauer Quelle »entspringt« in 650 Metern Tiefe und schüttet täglich drei Millionen Liter mit 41,5° Wärme in fünf Becken. Gleich daneben wurde groß geklotzt. Die Waldburg-Zeilsche »Reha-Klinik« im Kubikmeterausmaß von 70 Einfamilienhäusern schien nicht zu genügen: »Wie ein Stein, den man ins Wasser wirft«, philosophiert der Saulgauer Schultes, »könnten jetzt weitere Investoren mit Kliniken, Sanatorien oder Kurhotels folgen...« Ein Kurpark der Luxusklasse mit Fünf-Sterne-Hotel und einer Thermalbadlandschaft samt verglaster Joggingbahn soll gestreßten Managern und anderen Betuchten »Gesundheit und Genuß« verschaffen – und Saulgau zur »Nummer 1« der oberschwäbischen Bäder machen. Die heißeste Quelle – mit 66° Celsius aus 1750 Metern Tiefe – aber hat Bad Waldsee.

Die hiesige Gastronomie hingegen, behaupten böse Zungen, stelle ein gewaltiges Bollwerk gegen den Tourismus dar. Abgesehen von ein paar raren Freßtempeln zwischen Saulgau und dem Bodensee und von etlichen Restaurants, die sich heroisch um Eßkultur bemühen und täglich ums Überleben kämpfen. Andererseits – wozu gut kochen, wenn keiner kommt? Bei uns bestehe »kein Erholungsdruck«, erläutert ein Landratsbeamter; weshalb der Bedarf an Wirtshäusern eben gering sei. Zugegeben, der oberschwäbische Gaumen ist eher bescheiden und mag, selbst zu Hochzeiten und anderen festlichen Anlässen, lieber Schweinernes (A FLOISCH MUASS UFF DR DISCH) als Austern und Jakobsmuscheln. Eben wie zu Haus. Und dort bleibt er auch meistens.

Was die Dorfwirtshäuser angeht, besagt eine neuere Studie, so spiegelten diese die Krise des Dorfs überhaupt. Die Gastwirte hätten die Entwicklung »verschlafen«. Zum andern hat das Dorfwirtshaus seine jahrhundertealte Rolle als Ort der Geselligkeit, als Begegnungsstätte aller Altersgruppen und Nachrichtenbörse des Orts verloren. Spielautomaten tragen ebenso wenig zur Gemütlichkeit bei wie Resopaltische oder wandentlang die kitschige Verbrämung der Öde. Viele Wirte haben aufgegeben. Da und dort gilbt noch eine Speisekarte neben verschlossener Tür vor sich hin. Und wer offen hat, wenigstens abends, der bietet zumeist nur Trinkbares und, wenn's sein muß, A VESCHPER, Wurstsalat etwa, allenfalls »Seelen«, immerhin warm vom Mikrogrill, mit Schinken und Käse. Oberschwäbische Kässpätzle, Schupfnudeln mit Sauerkraut,

Alte Kur- und Badeanstalt in Wangen
Old cure centre and baths in Wangen
Vieux centre du cure et de bain thermal à Wangen

Die »Kleber-Post« in Saulgau
The "Kleber-Post" in Saulgau
L'hôtel «Kleber-Post» à Saulgau

Der Kirchplatz in Biberach
The church square in Biberach
La Place de l'église à Biberach

»Maria Theresia« am Saulgauer Marktplatz ...
"Maria Theresia" in the market place in Saulgau ...
«Marie Thérèse» sur la place du marché à Saulgau ...

... »Alexis Sorbas« in Laupheim
... "Alexis Sorbas" in Laupheim
... «Alexis Sorbas» à Laupheim

Maultauschen geschmälzt mit Zwiebeln wie Goldengelslocken – da muß einer schon bis nach Zwiefaltendorf fahren, bis er das kriegt.

Gottseidank, sagt mancher Reingschmeckte, dem Landratsbeamten zum Trotz, gibt es die Italiener und Griechen, die Spanier, Jugoslawen und Türken, ihre Tavernen und Pizzerien, ob die nun herkömmlich »Adler« oder »Kreuz« heißen, »Hirsch« oder »Engel«. Dort, und in ein paar alternativen Kneipen, finden die Jungen und Jüngeren längst, was nicht nur dem oberschwäbischen Wirtshaus mehr und mehr abging: preiswerte Gerichte und Freundlichkeit. Freilich: Stammtischpolitiker samt Landrat verkehren dort nicht.

Wirtschaft, Industrie und Wissenschaft sind auch in Oberschwaben stark miteinander verflochten. Das Zauberwort heißt: Technologie-Transfer. Kapital, Know-how und High-Tech im Konkurrenzkampf bedürfen einer hohen Mobilität, guter, auch örtlicher Beschaffungs- und Absatzmärkte und der Güteranbindung durch die Bahn; die allerdings als überaus »verbesserungswürdig« gilt. Schon deshalb geht die Industrie nur zögernd aufs Land, wächst sich lieber in den verkehrsgünstigen Städten aus, wo zugleich für Schulen, Krankenhäuser und soziale Einrichtungen gesorgt ist. Das verstärkt die Abwanderung in die industrielle Produktion, die am größten in Ulm, Biberach, Friedrichshafen, Ravensburg und Weingarten ist. So ziemlich die Hälfte der städtischen Industriearbeitsplätze wird von Auswärtigen belegt. »Zugpferd« ist der Bodenseekreis, an den sich Oberschwaben nicht nur im Tourismus angehängt hat; dort sichert der Export fast jeden zweiten Arbeitsplatz.

Aus Handwerksbetrieben haben sich Großfirmen entwickelt; die Tüftler wurden zu High-Tech- und Gen-Industriellen. Aus der »Siebenschwaben-Apotheke« in Laupheim etwa entwickelte sich die pharmazeutische Fabrik Dr. Rentschler & Co., die Bahnbrechendes auf dem Gebiet der Interferon-Forschung leistet. Der Handwerker Max Weishaupt in Schwendi baute einst Orgelgebläse; nach der Umstellung und Spezialisierung auf Öl- und Gasbrenner wuchs sich die Firma zum Großbetrieb aus. Auch der Liebherr-Konzern mit seinem Kranbauprogramm ist aus einem Handwerksbetrieb entstanden.

Biberach, im Mittelalter Zentrum einer bedeutenden Flachs-, Leinen- und Barchentverarbeitung, um 1900 noch Ort des größten Viehmarkts im Königtum Württemberg, hat heute weltbedeutende Firmen im Bereich der Pharmazie und der Gen-Forschung, der Baumaschinen, Getriebe, Elektromotoren und Feinmechanik. Der Kapitaldruck auf Grundstücke wächst. Biberachs Industrie dehnt sich durchs Rißtal tief in die Gemarkung Warthausen hinein, was deren Unansehnlichkeit keineswegs aufhilft. Ravensburg, alte Textil- und Handelsstadt, seit über 500 Jahren bedeutsam in Herstellung und Verarbeitung von Papier, Verlagsstadt überdies, ist, zusammen mit Weingarten, im Stahl- und Maschinenbau stark. Die Firma Sulzer Escher-Wyss (SEWR) zum Beispiel – jetzt noch mit Voith und Kleinewefers vereinigt – die Papiermaschinen und Turbinen herstellt, ist mit über 2000 Beschäftigten der größte Ravensburger Betrieb; durchschnittlich 65 Prozent der Produkte sind für den Export bestimmt.

Traditionsindustrien – Holzverarbeitung (Zellstoffproduktion), Kiesabbau, Baustoffproduktion, Papier- und Textilfabrikation – sowie Nahrungsmittelerzeugung sind überall heimisch, auch Unternehmen, die Eisen und andere Metalle zu Maschinen, Fahrzeugen und Apparaten verarbeiten. Das vergleichsweise junge (und im Krieg stark zerstörte) Friedrichshafen, Stadt der Luftfahrt, hat nach wie vor die meisten Industriebeschäftigten im Bereich des Fahrzeugbaus. Seine Dieselmotoren und Zahnräder gehen in alle Welt. Die drei Großbetriebe, die ihre Stammbäume auf den Grafen Ferdinand von Zeppelin zurückführen, haben auch Bedeutung als Schiffsausrüster für die (nicht nur christliche) Seefahrt. Die internationalen Handelsbeziehungen fördert und dokumentiert seit vielen Jahren die IBO-Messe. Den kulturellen Bedürfnissen wurde in der traditionsarmen Stadt jedoch bis vor kurzem wenig Rechnung getragen; jetzt will sie mit Festivals, Theatertagen und dergleichen dieses Defizit aufholen.

Die Fachhochschulen von Ulm, Ravensburg-Weingarten über Biberach bis Sigmaringen, die Betriebswirtschaft, Architektur, Elektronik, Technische Informatik, Fertigungssysteme und beinah alles vermitteln, was die ingenieursmäßige Erstellung von Software-Systemen angeht, sind direkte Zulieferer für Industrie und Wirtschaft. Von Geisteswissenschaft ist nirgends die Rede. Die »Kultur« darf kompensatorisch da und dort nachziehen... Von wegen zweckfreier Wissenschaft: Über 70 Prozent der Forschung und Entwicklung finden inzwischen in den Labors von Firmen statt.

Mit fast 26 400 Industriebeschäftigten (1992) stellt die Stadt Ulm am Rand Oberschwabens einen weiteren Wirtschaftsschwerpunkt dar. Ehemals Stadt der Fischer, der Boots- und Schiffsbauer – der »Ulmer Schachteln« –, Umschlagplatz für das Allgäuer Stammholz, das mit Flößen die Iller herabkam, stehen heute Namen wie Kässbohrer, Magirus, AEG oder Gardena für eine überproportional stark durch die Bereiche Fahrzeugbau und Elektrotechnik geprägte Branchenstruktur. Fast 40 Prozent der Beschäftigten entfallen dabei auf die Karl-Kässbohrer-Fahrzeugwerke und den Nutzfahrzeugkonzern Iveco Magirus. Auch sie wiederum aus kleinen Handwerksbetrieben hervorgegangen – Kässbohrer baute seit 1893 zunächst Pferdewagen und Kutschen, bevor er 1911 die erste Omnibus-Karosserie fertigte; während Conrad Dietrich Magirus, Kommandant der Ulmer Steiger- und

Spritzenkompagnie, schon 1864 eine Werkstatt für Feuerwehr-Requisiten betrieb und 1872 die erste fahrbare und freistehende Feuerleiter auf den Markt brachte; 1916 begann die Firma (veranlaßt von der Heeresverwaltung) mit dem Bau von Lastkraftwagen. Konnte sich Kässbohrer als reiches Familienunternehmen bis heute behaupten, so geriet Magirus (höchster Beschäftigtenstand 1970 mit 10 970 Mitarbeitern) Mitte der 70er Jahre in immer größere wirtschaftliche Turbulenzen; der Anschluß an den italienischen Iveco-Konzern sicherte schließlich den Fortbestand der Ulmer Betriebsstätten.

Bleibt zu vermerken, daß die Rezession der 90er Jahre – das zeigt nicht zuletzt die steigende Zahl der Arbeitslosen – auch vor Oberschwaben nicht haltgemacht hat und inzwischen – als handle es sich um eine Natur-, wenn nicht Unnaturerscheinung – gerade die großen (übergroßen?) Betriebe heimsucht.

Aber Ulm, die großangelegte, schöne Reichsstadt des Mittelalters, mit heute 112 000 Einwohnern, Ulm, das im Zweiten Weltkrieg zu vier Fünfteln zerstört wurde und es seither schwer hat mit seinem Profil, will nicht unbedingt Industriestadt sein. Dem »Stadtqualitätsprogramm« (so heißt das tatsächlich), das der Neugestaltung des Münsterplatzes und des abscheulichen Bahnhofbereichs galt, war – viel vehementer – der Ausbau zur »Wissenschaftsstadt« auf dem Oberen Eselsberg vorausgegangen. Unter hoher Beteiligung der Industrie. Die Ulmer Universität, einst Aschenputtel unter den Hochschulen Baden-Württembergs und bislang nur aus einer Mathematisch-Naturwissenschaftlichen und zwei Medizinischen Fakultäten bestehend, war die designierte Prinzessin des Ministerpräsidenten Späth. Mit Millionensummen geadelt vom größten deutschen, vom Hof-Konzern Daimler-Benz, wurde die Hochschule zum Zentrum einer Technopolis aufgerüstet und zunächst um drei neue Studiengänge erweitert: Informatik, Hochfrequenz- und Energietechnik. Damit begann, fürchten manche Professoren, »das Zeitalter der totalen Außensteuerung der Universität durch die Industrie«. Von Geisteswissenschaften ist, wie gesagt, nicht die Rede…

Kieswerk bei Riedlingen
Gravel works near Riedlingen
Carrière de graviers près de Riedlingen

Hammer- und Kunstschmiede in Argenbühl-Gottrazhofen
Hammer mill in Argenbühl-Gottrazhofen
Forge et ferronnerie d'art à Argenbühl-Gottrazhofen

Putzgeschäft in Riedlingen
Milliner's shop in Riedlingen
Chapellerie à Riedlingen

Alte Brauerei in Uttenweiler
Old brewery in Uttenweiler
Ancienne brasserie à Uttenweiler

Spielt eine wichtige Rolle in Oberschwaben: die »Seele«
An important role plays the "Seele" (soul), a special kind of bread
Elle joue un rôle important dans le Haut Pays Souabe:
la «Seele» (pain comparable à une ficelle)

Oberschwäbisches Angebot
Tender in Upper Swabia
Offre du Haut Pays Souabe

Käsestempel
Cheese brand
Poinçon à fromage

Käserei in Kofeld
Cheese dairy in Kofeld
Fromagerie à Kofeld

Auf allen Märkten des Oberlands…
At all markets in Upper Swabia…
Sur tous les marchés de l'Oberland…

Drumlin bei Bodnegg
Drumlin near Bodnegg
Drumlin près de Bodnegg

Hopfenanbau im südlichen Oberschwaben
Hop-growing in the Southern region of Upper Swabia
Culture du houblon dans le sud du Haut Pays Souabe

Im Tal der Ach: Das Werk Baienfurt der Stora Billerud GmbH wurde vor über 100 Jahren gegründet. Rund 550 Mitarbeiter produzieren hier Faltschachtelkarton, Karton für den graphischen Bereich und Tapetenrohpapier
In the Ach valley: The Stora Billerud GmbH factory in Baienfurt was founded over 100 years ago. Approximately 550 employees produce folding box board, board for graphic purposes and wall paper base
Dans la vallée de l'Ach: L'usine de Baienfurt de la compagnie Stora Billerud S.A.R.L. existe depuis plus de 100 ans. Environ 550 employés produisent ici du carton d'emballage, du carton pour le domaine graphique et du papier pour les papiers peints

Veredelung der Kartonoberfläche durch einen Strichauftrag
Improving the surface of the board by coating
La surface du carton est affinée grâce à un enduit

In diesem Kran sitzt kein Mensch mehr. Das Rollenzwischenlager wird vom Computer gesteuert
This crane is no longer man driven. The reel storehouse is controlled by computer
Il n'y a plus de conducteur dans cette grue. Le stockage des rouleaux de papier est commandé par ordinateur

Aufwickeln des fertigen Kartons
Rolling up the finished board
Bobinage du carton après sa fabrication

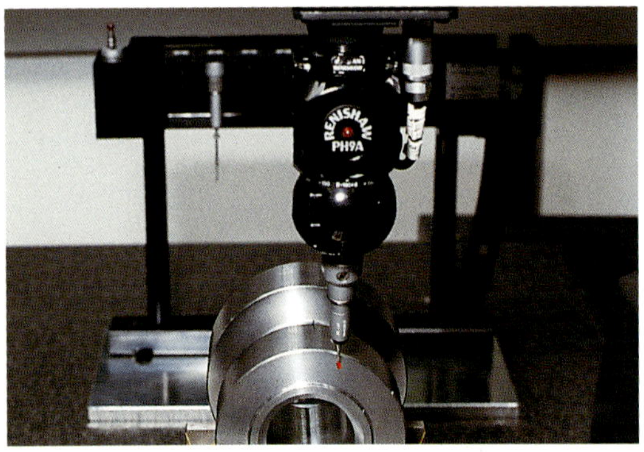

Spezialist bei der Prüfung von Zahnflanken in der Fertigung der ZF Friedrichshafen AG in Friedrichshafen
Specialist checking gear flanks during production at ZF Friedrichshafen AG in Friedrichshafen
Spécialiste au contrôle des flancs de roues dentées en cours de fabrication chez ZF Friedrichshafen AG à Friedrichshafen

Meßeinrichtung zur Überwachung der Toleranzen beim Drehen
Measuring device for monitoring tolerances during turning
Dispositif de mesurage pour surveiller les tolérances lors de l'usinage au tour

Durch rationelle spanabhebende Verformung entstehen Zahnräder im Wälzstoß- und Wälzfräsverfahren
Rational machining deformation produces gears using the shobbing and hobbing processes
Les roues dentées sont taillées d'après le procédé «shobbing» et fraisées en développante

Das Schleifen von Zahnflanken
Gear flank grinding
La rectification des flancs des roues dentées

Die Firma Winterhalter ist als inhabergeführtes, mittelständisches Unternehmen seit 1947 im Bodenseekreis ansässig. Es gilt weltweit als Marktführer bei gewerblichen Spülmaschinen für Hotellerie und Gastronomie, Metzgereien und Bäckereien
The company Winterhalter is a joint-stock, medium-sized enterprise which has been resident in the Bodensee district since 1947. It is an international leader in the manufacture of industrial dishwashers for the hotel and catering trades, the butcher and baking trades
Las maison Winterhalter est une entreprise de taille moyenne dirigée par son propriétaire et établie à proximité du Lac de Constance depuis 1947. On la considère dans le monde entier comme le leader pour les machines à laver la vaisselle industrielles destinées à l'hôtellerie, la gastronomie, le traiteur et la boulangerie

winterhalter
WERKS-PARKPLATZ
20

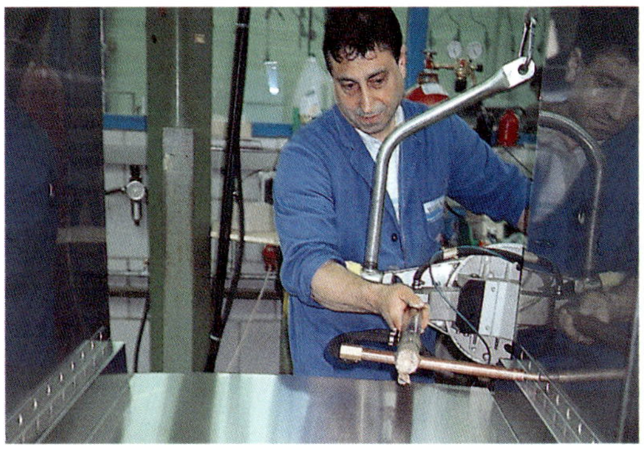

Erdgasförderung bei Hühlen
Gas gathering near Hühlen
Exploitation de gaz naturel près de Hühlen

Windrotor auf dem Höchsten
Wind rotor on the Höchsten
Hélice d'éolienne sur le Höchsten

Das neue Stadthaus auf dem Ulmer Münsterplatz (Architekt: Richard Meier, New York)
The new city hall on the cathedral square in Ulm (Architect: Richard Meier, New York)
Le nouvel foyer de ville sur la place de la cathédrale à Ulm (architecte: Richard Meier, New York)

Jesus im Umspannwerk bei Allmendingen
Jesus in the transformer station near Allmendingen
Jésus au poste de transformation près d'Allmendingen

Die Stromversorgung in Oberschwaben wurde einst von den 1909 gegründeten Oberschwäbischen Elektrizitätswerken aufgebaut. Heute wird der Strombedarf durch die Energie-Versorgung Schwaben AG bereitgestellt. Sitz der für Oberschwaben zuständigen Betriebsverwaltung ist Biberach

The power supply in Upper Swabia was built up by the Oberschwäbische Elektrizitätswerke (Upper Swabian Electricity) founded in 1909. Nowadays, electricity is provided by the Energie-Versorgung Schwaben AG (Energy Supply Swabia Company). The headquarters for Upper Swabia is located in Biberach

Le réseau d'approvisionnement en électricité a été construit autrefois par la Compagnie d'Électricité du Haut Pays Souabe, fondée en 1909. Aujourd'hui l'énergie est fournie par la EVS (Energie-Versorgung Schwaben, Compagnie d'Electricité Souabe). Le siège de la compagnie responsable du Haut Pays Souabe se trouve à Biberach

An der Iller zwischen Aitrach und Dettingen erzeugt die EVS jährlich rund 200 Millionen Kilowattstunden Strom. Das sind weniger als 4% des regionalen Bedarfs; die meiste Energie wird deshalb von großen Kraftwerken über das Hochspannungsnetz eingespeist

The EVS (Energie-Versorgung Schwaben) produces about 200 million kilowatthours of electricity per year on the Iller between Aitrach and Dettingen. This is, however, less than 4% of the regional consumption; most of the electricity is therefore supplied by large power stations via the high voltage network

Le long de l'Iller entre Aitrach et Dettingen la compagnie EVS produit environ 200 millions de kilowatt-heures par an. Ceci couvre moins de 4% des besoins régionaux, c'est pourquoi la plus grande partie de l'énergie est fournie par de grandes centrales et amenée par un réseau à haut tension

Das Weishaupt Forum in Schwendi. Ausstellungs-, Schulungs- und Sozialgebäude der Max Weishaupt GmbH (Architekt: Richard Meier, New York)
The Weishaupt Forum in Schwendi is the exhibition, training and social centre of the Max Weishaupt GmbH (Architect: Richard Meier, New York)
Le forum Weishaupt à Schwendi, bâtiments abritant les salles d'exposition, d'enseignement et de rencontre de la société Max Weishaupt S.A.R.L. (architecte: Richard Meier, New York)

Kundendienst für Brenner und Heizsysteme
Customer service for burners and heating systems
Service après-vente et d'entretien pour chaudières et systèmes de chauffage

Hinter Weishaupt-Produkten steht ein wirkungsvolles Qualitätssicherungssystem
Weishaupt products are supported by an effective quality assurance system
Derrière les produits Weishaupt il y a tout un système très efficace qui garantit la qualité des produits

Heizsysteme – sowohl für Einfamilienhäuser wie für Wärmezentralen ganzer Stadtteile. Auch bei verfahrenstechnischen Wärmeprozessen werden die Produkte aus Schwendi eingesetzt
Heating systems – for private homes as well as for whole districts. Products from Schwendi are also used for heating process controls
Systèmes de chauffage pour pavillons individuels aussi bien que pour quartiers entiers. Pour les méthodes de traitement par la chaleur relevant de processus techniques spécialisés on utilise également les produits de Schwendi

Schiffe, Boote und Yachten in allen Größen zeigt die Internationale Wassersport-Ausstellung »Interboot« alljährlich auf der Messe in Friedrichshafen

The international water sport exhibition »Interboot« which takes place annually at the fair ground in Friedrichshafen presents ships, boats and yachts in all shapes and sizes

Ce sont des bateaux et des yachts de toutes tailles que l'on peut voir tous les ans à l'exposition internationale »Interboot« de la foire de Friedrichshafen

Treffpunkt für erfahrene wie für künftige Freizeitkapitäne
Meeting place for experienced as well as for hobby captains to be
Point de rencontre de capitaines expérimentés et de futurs capitaines

Modellsegler-Regatta in der Wassersport-Arena des Messegeländes
Model yacht regatta in the water sports arena within the exhibition ground
Régate de modèles de navire dans les bassins au champ de la foire

Die Musik verlagerte sich in die Städte. Für den Übergang von der klösterlichen zur städtischen Musikpraxis kann der Biberacher Justinus Heinrich Knecht (1752–1817) stehen, der von Christoph Martin Wieland beim Grafen Stadion in Warthausen eingeführt wurde und durch dessen Hofkapelle wesentliche musikalische Eindrücke erfuhr. Zum Lehrer und Musiker ausgebildet, unterrichtete der junge Musikdirektor in seiner Heimatstadt, dirigierte Liebhaberkonzerte der »Löblichen Musikgesellschaft«, komponierte Kantaten, Motetten, Choräle und Fugen; für die Biberacher Theatergesellschaft entstanden Schauspielmusiken, Opern, Singspiele. Knecht hoffte, über den inzwischen zum Weimarer Hofrat avancierten Dichter »in eine meinem Genie angemessene Sphäre versetzt zu werden«. Wieland: »Der Himmel weiß, wie gerne ich Sie aus dem leidigen Biberach ziehen möchte. Lassen Sie den Mut nicht sinken.« In Stuttgart wurde er 1793 als »Ausländer« abgewiesen, 1807 vorübergehend am Hof angestellt, zwei Jahre später jedoch, so fleißig und redlich Knecht war, geradezu strafversetzt: zurück ins »leidige« Biberach. Das war schwer zu verwinden. Aber dort ist er unsterblich geworden – als Verfasser des Schützenfestchorals »Rund um mich her ist alles Freude«.

Detail der Gabler-Orgel in der Weingartner Basilika
Detail of the Gabler organ in the basilica in Weingarten
Détail de l'orgue Gabler dans la basilique de Weingarten

Kunst aus Stuttgart (Klasse Brodwolf) vor der Abtei
Works of art from the Stuttgart academy (Brodwolf class) in front of the abbey
Œuvre d'art venue de l'académie de Stuttgart (ligne Brodwolf) devant l'abbaye

Klassik und Romantik fanden in Oberschwaben nicht statt. Immerhin: Mozart fuhr durch, und Josef Haydn soll geschwind in Ochsenhausen gewesen sein. Mit Konradin Kreutzer (1780–1849) aus Meßkirch, dem Zögling der Lateinschule Zwiefalten und Schüler Weinrauchs, kommt dann das Biedermeier zur Geltung; der Müllerssohn (sein Vater stammte aus der Tettnanger Gegend) studierte Musik in Wien bei Albrechtsberger, der auch Beethovens Lehrer war, und führte lange ein unruhiges Wanderleben als Kapellmeister zwischen Stuttgart, Donaueschingen, Köln und Wien. Für die Bühne schrieb Kreutzer 37 Opern und acht Schauspielmusiken, daneben Oratorien, Messen und andere geistliche Musik, Klavierkonzerte, Kammermusikwerke, viele Klavierlieder und Chöre für Männer (»Ich bin allein auf weiter Flur«, »Die Kapelle«), zumal nach Gedichten von Uhland. Sein größter Erfolg war die 1834 in Wien erstmals aufgeführte Oper »Das Nachtlager von Granada«.

Mit der Aufhebung der Klöster durch die Säkularisation war auch deren Musikkultur zerstört worden. Das bürgerliche Musikleben, wie Knecht es praktizierte, breitete sich aus; die Männerchorbewegung machte sich stark; kirchliche Laienchöre, geleitet von tüchtigen Schulmeistern, formierten sich, und bald folgten den Liederkränzen und Kirchenchören die Blasmusikkapellen. Daran hat sich auf den Dörfern bis heute wenig geändert.
Solchem Laienmuzieren entwuchs Karl Erb (1877–1958) aus Ravensburg, der mit seiner makellosen Naturstimme unter Bruno Walter und Furtwängler zum Heldentenor aufstieg, aber auch ein großer Interpret Schubertscher Lieder war.

Der geistlichen wie der Laienmusik zugetan war der einzige große Komponist der Moderne, den Oberschwaben hervorgebracht hat: der gleichfalls in Ravensburg geborene Hugo Herrmann (1896–1967). Wie lang er wohl tot sein muß, bevor sein umfassendes Schaffen ins einheimische Bewußtsein gelangt?

Von Herrmanns Werken, seinen Sinfonien, Oratorien, Chören, seiner Kammermusik und den volkstümlichen Stücken des überaus vielseitigen Tonsetzers und Mitbegründers der Donaueschinger Musiktage erscheint, (sieht man von manchen Aktivitäten der Pädagogischen Hochschule Weingarten ab), allzu wenig in den Musikprogrammen der Region. – Einer Weltenharmonik war der Musikdenker Dr. Hans Kayser (1891–1964) aus Bad Buchau auf der Spur, der für sein Lebenswerk 1961 mit dem Oberschwäbischen Kunstpreis bedacht wurde. Schüler Humperdincks und Schönbergs, griff Kayser, statt selbst zu komponieren, auf Pythagoras zurück und auf Keplers Lehre von der »Sphärenharmonie«, ging – so in seinem Band »Akroasis« – den Intervallproportionen nach, die überall in Natur und Kosmos auftreten, vom Kristall und Blütenblatt bis zu den Planetenbahnen.

Daß auch die bildende Kunst nicht länger nur Kirchenkunst war, dafür sorgten im Zeitalter des Absolutismus die Höfe und schließlich das Bürgertum, aus dem im 19. Jahrhundert die meisten Kunstschaffenden kamen. Für höfische Kunstförderung in Oberschwaben stand im Jahrhundert zuvor der Graf Friedrich von Stadion zu Warthausen (1696–1768), der nicht nur Wieland und Knecht protegierte, sondern auch den 1722 in Haina geborenen Maler Johann Heinrich Tischbein d. Ä., den er zu Studien nach Frankreich und Italien schickte, bevor er, Onkel und Lehrer des jüngeren »Goethe-Tischbein«, Hofmaler zu Kassel wurde; im Biberacher Braith-Mali-Museum hängt seine »Verherrlichung des Grafen Stadion mit dem Selbstbildnis des Künstlers«, das viel aussagt über Stadions Verhältnis zu Kunst und Kultur.

In dem 1609 in Biberach geborenen Bürgermeisterssohn Johann Heinrich Schönfeld hatte die bürgerliche Kunst Oberschwabens einen frühen Vertreter; mit seinen Zeichnungen und Ölgemälden galt Schönfeld (der 1668 auch das Hochaltarbild »Maria Krönung« für Ochsenhausen schuf) weit über Augsburg hinaus, wo er als Maler und Kupferstecher wirkte, als ein angesehener Vorläufer der heimischen Barockmalerei.

Jakob Bräckle, »Kartoffelernte« (1964)
"Potato Harvest" (1964) by Jakob Bräckle
Jakob Bräckle, «La récolte des pommes de terre» (1964)

Auf Schloß Mochental: »Oberschwäbische Landschaft« von Jürgen Reipka, München
"Upper Swabian Landscape« by Jürgen Reipka, Munich, at the Mochental Castle
Au château de Mochental: «Paysage du Haut Pays Souabe», par Jürgen Reipka, Munich

Was sich später die »Biberacher Schule« nannte und worauf die Stadt ihren künstlerischen Anspruch baut, ging von Johann Baptist Pflug (1785–1866) aus, der dort, nachdem König Friedrich im Land den Kunstunterricht eingeführt hatte, fast 50 Jahre lang der »Herr Zeichnungsmeister« war. Der Küfermeisterssohn, der die Klosterschule Weingarten besuchte, sollte zunächst Bortenweber werden, davon versprach sich der Vater mehr; konnte dann in München wenigstens den kürzesten Studiengang, den des Genremalers, aufnehmen und wurde in seiner Heimatstadt zum malenden Chronisten oberschwäbischer Geschichte und biedermeierlichen Brauchtums; malte mit Geschick und Akribie die Mägde, Bauern, Soldaten, Bürger und Handwerker, Gaukler und Kartenspieler, hielt Brautwerbung fest, Hochzeitsbräuche und ländliche Feste, Wirtshaus- und Jahrmarktsszenen. Und weil er übervoll von Erlebnissen und Bildern war, schrieb er die »Erinnerungen eines Schwaben« (1874), berichtete von Karfreitagsprozessionen, Passionsspielen und Flagellantenzügen, von oberschwäbischen Räubern, vom französischen Heer und vom Malefizschenk. Pflug besaß ein sicheres Gespür für junge künstlerische Talente, förderte sie in der Schule oder im eigenen Atelier, vermittelte deren Studium in München oder Stuttgart und machte so fast ein halbes Jahrhundert lang die nicht gerade als musisch verschrieene Stadt zu einer Stadt der Maler.

Was nicht hieß, daß sich vom Malen leben ließ… Gut, da war Franz Xaver Müller, der sich, nach einem Studienaufenthalt in Rom, in der Heimat als Porträtist durchbrachte; oder Karl Friedrich Göser, in seinen besten Genrebildern Pflug ebenbürtig (seinen Lebensunterhalt mußte sich Göser als Lackierer verdienen); Karl Martini seinerseits empfahl sich zuhaus als handwerklicher Maler von Tieren und Jagdstücken; Franz Xaver Förg aus Reinstetten, wie Martini der Tier-, zumal der Vogelmalerei zugewandt, mußte sich als Maler in einer Blechwarenfabrik verdingen und starb 1844, erst 32 Jahre alt, in Biberach. Andere Pflug-Schüler retteten sich ins Überregionale, so Eberhard Emminger (1808–1885), der in Stuttgart die neue, von Alois Senefelder entwickelte Technik der Lithographie nutzte und zuverlässige Ansichten von süddeutschen Städten schuf, wobei er vom erwachten Interesse der Menschen an der Landschaft profitierte. Im Alter nach Biberach zurückgekehrt, übertrug er viele frühere Vorlagen, Skizzen, Zeichnungen und Lithos in Ölbilder. Auch Hermann Volz, der zunächst als Porträtist in München Karriere machte, zog es zuletzt wieder heim an die Riß, wo er 1894 mit 80 Jahren verarmt und kaum beachtet starb; während sich Carl von Ebersberg, nach Lehrjahren bei Pflug und an der Münchner Akademie, nach Graz absetzte und dort ein gesuchter Pferde- und Gesellschaftsmaler wurde.

Einer der letzten »Pflugianer« war der Biberacher Tagelöhnersohn und spätere Ehrenbürger Anton Braith (1836–1905). Nach Lehrjahren an der Stuttgarter Kunstschule gesellte er sich den Malern der Münchner Schule zu, die sommers in den Alpen malten oder an den bayrischen Seen. »Realismus war gefragt, man beobachtete die Natur – das Licht, die Flora und Fauna.« Braith wandte sich vom Genrebild ab und gelangte, anfangs durchaus der Naturidylle zugeneigt, zu einer Bilddramatik, in der er das Tier nicht als bloße Staffage benutzte, es vielmehr in seiner Körperdynamik erfaßte und die »Individualität der Kreaturen zu erfassen versuchte, ohne sie zu vermenschlichen« (Idis Hartmann). Ähnlich wandte sich Christian Mali (1832–1906) aus der Provinz Utrecht, der in Stuttgart aufwuchs und frühen Erfolg hatte mit Städtebildern, ab 1860, unter dem Einfluß Braiths, dem Tierbild zu. Beide gingen von intensiven Tierstudien aus, skizzierten und nahmen später auch die Fotografie zu Hilfe, ohne sich jedoch einem abschildernden Naturalismus zu verschreiben. Und während andere lieber Frauen porträtierten, malte Mali Kühe noch und noch. Die mehr als 40jährige Freundschaft der beiden bewirkte, daß sie – obwohl Mali mit Biberach wenig zu tun hatte – hohe Geldsummen für die Errichtung eines Museums stifteten (der geschäftstüchtige Mali sechsmal so viel wie Braith) und ihren

Johann Baptist Pflug, »Bildnis der Frau Theresia Pflug«
"Portrait of Mrs. Theresia Pflug" by Johann Baptist Pflug
Johann Baptist Pflug, «Portrait de Madame Theresia Pflug»

künstlerischen Nachlaß dazu. Mali veranlaßte überdies die Einbringung ihrer beiden Münchner Ateliers mit der Sammlung von Bildern der Münchner Schule, die heute im Braith-Mali-Museum des Alten Spitals das Bild vom Ort der Musen mitprägen.

Zumal aus anderen oberschwäbischen Orten nur spärlich, und kaum vor der Wende zum 20. Jahrhundert, künstlerische Begabungen ans Licht kamen. Aus Mengen stammte der Maler und Graphiker Gottfried Graf (1881–1938), der, lange Zeit vergessen, mit seinen Holzschnitten, Radierungen, Aquarellen und Ölbildern neuen Formen nachging im Umkreis der Stuttgarter Schule um Hoelzel, Schlemmer, Baumeister und an der Akademie eine Holzschneiderklasse leitete. Und da war der eher kontemplative Karl Caspar, 1879 in Friedrichshafen geboren, der an der Kunsthochschule in München lehrte, und seine 1878 in Riedlingen geborene Frau, Maria Caspar-Filser, die beide bildkräftig aus der Natur heraus schufen; Maria Caspar-Filser, einer Generation zugehörig, aus der sich erstmals eine Reihe bedeutender Künstlerinnen profilieren konnte – Käthe Kollwitz, Gabriele Münter, Ida Kerkovius und Paula Modersohn-Becker –

war die erste deutsche Malerin mit Professortitel.

Durch Jan Verkade (1868–1946), einem holländischen Schüler Gauguins und Mitglied der Nabis, der 1892 Beuron besuchte, konvertierte und zum »Beuroner Malermönch« wurde, war, wenn auch im stillen und peripher, ein europäischer Akzent hinzugekommen. Die Beuroner Schule, von Desiderius Lenz entwickelt, wollte von der Naturnachahmung wegkommen zu einer spirituelleren, symbolischeren Malerei – in der Überzeugung, daß es ohne Religion keine Kunst geben könne. Ihren strengen Regeln konnte sich Jan Verkade nur für wenige Jahre unterwerfen; der Abt schickte ihn zu seiner künstlerischen Weiterentwicklung nach München, wo er Nachbar von Karl Caspar wurde, bevor er nach Paris zurückkehrte.

Von ungebrochen religiöser Haltung getragen war der 1900 in Ehingen geborene, 1968 in Ulm gestorbene Wilhelm Geyer, dem sich viele Kirchenfenster in Stadt und Land verdanken; der bedeutende Lithographien zum Markus-Evangelium schuf, zu den Büchern Mose und Hiob, auch Landschaften und Porträts. Ganz anders Sepp Mahler, Torfstechersohn und Moormaler aus Wurzach (1901–1975), mit seiner Affinität zu den Armen, Ausgestoßenen und Gescheiterten; der sich, in jungen Jahren durch die Welt vagabundierend, nach einer kubistischen Phase, in seiner kurzstrichigen, kreisenden Pinselführung von Vorbildern wie Edvard Munch und van Gogh beeinflussen ließ.

Oberschwaben ist auch das Stammland HAP Grieshabers, des 1909 in Rot an der Rot geborenen, 1981 in Reutlingen gestorbenen Holzschneiders; der nach einer Schriftsetzerlehre und kalligraphischen Studien bei Ernst Schneidler in Stuttgart in den Orient und nach Griechenland reiste; 1933 pünktlich zurückkehrte, um von den Nationalsozialisten diffamiert und mit Berufsverbot belegt zu werden. Ein politischer Weltbürger und Oberschwabe zugleich, der sich, von Tieren umgeben, auf der Reutlinger Achalm niederließ. Seit den fünfziger Jahren hat Grieshabers Schaffen auch »daheim« Fuß gefaßt, ist er sozusagen heimisch geworden mit seiner politisch wie religiös engagierten Kunst, bewegt vom Prinzip Hoffnung, von der Utopie einer Welt ohne Unterdrückung und Gewalt. Ob er, der den Holzschnitt zu Format und Rang des Tafelbilds erhob, Naturmotive ausführte oder halbmythische Wesen, ob er in farbigen Zyklen wie dem »Totentanz« oder dem »Osterritt« weit ausgriff – stets war er der »betroffene Zeitgenosse«, der die Kunst ins Leben holte und das Leben in die Kunst.

Ist das nun Standesverrat, wenn ein Bauernsohn – Jakob Bräckle (1897–1987) aus Winterreute bei Biberach – die Äcker und Wiesen nicht mehr bestellt, sondern malt, in jahreszeitlichen »Erdlebenbildern«, samt bäuerlichem Leben drumherum? Wenn der, nicht ohne Heimweh, in Stuttgart studiert, rasch zurückkehrt und all dem malerisch treu bleibt, was er praktisch quittiert hat? Nur so freilich konnte ihm das Wunder der Nähe passieren, wurden Kornfelder kostbar und Blumen am Wegrand; Sprache der Landschaft, die er vorwiegend impressionistisch in oft nur postkartengroßen Miniaturen faßte und in Pappschachteln sammelte unter dem Bett. Später zog er nach Biberach, ohne die Motive zu ändern oder die Palette zu erweitern. Nach dem Krieg dann das große Erwachen, als die moderne Kunst von draußen der deutschen Zurückgebliebenheit aufhalf. Ohne die Beziehung zum Gegenstand aufzugeben, vollzog Bräckle den Durchbruch zur Abstraktion. Besonders der russische Suprematist Kasimir Malewitsch hatte ihn beeindruckt, dessen Bilder bei dem Biberacher Architekten Hugo Häring (1882–1958) lagerten (und deren Beheimatung sich die Stadt ebenso entgehen ließ wie Werke des mit Biberach verwandtschaftlich verbundenen, im Dritten Reich freilich verfemten Expressionisten Ernst Ludwig Kirchner). Das Atmosphärische seiner Miniaturen gab Bräckle nicht auf; vielmehr rettete er es hinüber in seine abstrakten Gemälde, in die Mond- und Sonnen-, in die Wald- und Ackerflächenbilder, in die weißblauen Farbbahnen der »Schneefelder«, manchmal mit Figurensilhouetten auf der Horizontlinie. Im allseits geliebten Bräckle, den sie zum Ehrenbürger erkor, besaß die Stadt, gewissermaßen aufbruchslos, ihren vorzeigbaren Abstrakten, der noch dazu die Pflugsche Tradition der heimischen Land(wirt)schaftsmalerei bewahrt und auf den neuesten Stand gebracht hatte.

Überhaupt Biberach: Immerzu tat es sich schwer mit der Kunst. Genauer gesagt: mit den Künstlern. Von altersher eine Stadt der Handwerker und des Gewerbes, nicht des Handels; man mußte (traumlos) weben und werken, hatte keine Zeit für Ablenkung, gar für Künste. Musen und Muße wurden verjagt. Doch seltsam, »die Biester«, sagte Julius Kaesdorf, »ließen sich nicht vertreiben«, und so blieben ihre Anhänger bis zum heutigen Tag in der Enge dort sitzen; obwohl sie, abgesehen von Pflug und Bräckle, vom Malen kaum leben konnten. Zu rar die kunstsinnigen Adligen, Akademiker oder Beamten, die sich malen ließen oder ihre Bilder kauften. Kurz – kein Ort zwischen Stuttgart und Bodensee, in dem sich die Maler noch heute so drängeln wie im labyrinthischen Biberach, wo man weder Zeit noch Geld für sie hat.

Da sitzen sie denn, ich sehe sie noch, freitagabends am »Künstlerstammtisch« im »Biberkeller« des Großstädtchens, dem sie Farbe geben, ortsbekannt oder darüber hinaus; Suchende, Ringende, Modemaler und Fertige, Verkäufliche und Unverkäufliche, diskutieren Lokales und Überlokales; zumal die Kunstszene, was immer das sei, in verdecktem Dissens; diskret präsidiert vom jugendlichen Altmeisterpaar, das jüngst vom elektrischen Oberschwäbischen Kunstpreis eingeholt wurde. (Wie zuvor Karl Caspar und Maria Caspar-Filser und später Hugo Häring, Wilhelm Geyer, Josef Henselmann, HAP Grieshaber, Erwin Henning, Toni Schneider-Manzell, Hans Kayser, Theodor Werner, Jakob Bräckle und andere.) Julius Kaesdorf (* 1914 in Ungarn, † 1993 in Biberach): Autodidakt der Malerei und Professor, Freund aufrichtiger Verbeugungen, stiller Anwalt und entschiedener Richter in Kunstsachen, dessen eigene, delikat-poetische Kleinbildkunst sich einer farblich bewußt kontrastarmen Malweise bediente. Seine flüchtigen Wegheiligen, zumeist Trinitäten (»Drei Grazien aus

Kroatien«), symmetrisch auf Podeste gestellt, verschwinden vor dem rokokofarbenen Hintergrund eher, als daß sie erscheinen. »Meine Bilder sind ein ganz leises Fliegen in geringer Höhe über Weiß hinweg.« Und Romane Holderried-Kaesdorf (* 1922 in Biberach), Professor auch sie, die mit dem durchgezogenen Strich ihrer »Zeichnerei« und der »Malerei des dringenden Motivs« einer allzulang patriarchalischen Wirklichkeit (und Kunst) die eingeübte Absurdität so beherzt wie abweisend um die Ohren schlägt; Figurinen, die sie gern auf Stühlen, Schemeln oder Podesten plaziert, vollziehen sehr ernsthaft ihre blöden Rituale, erfüllen Handlungs- und Bewegungsvorschriften der Sinnlosigkeit – Vorführungen, die alles Individuelle hinter sich lassen, aber vielleicht eine »innere, poetische Freiheit« provozieren – im Kopf der Betrachter.

Ganz anders Ravensburg, das sich überaus zentral fühlt mit seinen Geschäftsleuten und Handelsstraßen; da wären Artisten willkommen, sollte man denken. Es gibt Ausstellungen, auch Galerien (Inbegriff der Union von Handel und Kunst), deren beste inzwischen aufgab, Design gibt's und Kneipen – aber keine Künstler. Versteh's wer will. Man denkt, die seien froh, daß sie wenigsten ihren Julius Herburger (1900–1973) haben, den verletzlichen Maler und Zeichner, der mit spitzer Feder gegen die menschliche Dummheit anging; Schüler in Stuttgart von Christian Landenberger und Arnold Waldschmidt, Freund von Purrmann und von (dem aus Ingoldingen hinter Buchau stammenden) Willi Baumeister, der ihn in die Pariser Ateliers von Léger, Mondrian und Le Corbusier einführte und der später als »entartet« galt. Aber 1989, man glaubt es nicht, wurden viele seiner Arbeiten in einer Sparkassen-Ausstellung zu niedrigsten Preisen verschleudert … Vielleicht daß der einheimische Lichtkinetiker Hermann Waibel (* 1925) bessere Erfahrungen macht; der 1953 in Ravensburg geborene Eisenplastiker Robert Schad jedenfalls, der »Raumzeichnungen« in geschwärztem Vierkant-Baustahl formt, hat sich nach Freiburg abgesetzt. Ein von seiner Heimatstadt bestellter Brunnen brachte – »potthäßliches Monstrum!« – noch kürzlich die Volksseele zum Kochen. Inzwischen hat der »Schadsche Wassertisch« am Marienplatz die Gemüter abgekühlt.

»Will man Künstler vertreiben«, so Kaesdorf, »dann darf man nicht das Biberacher Modell anwenden; und offenbar nicht das Ravensburger, wenn man sie anlocken will.«

Erstaunlich aber, wieviel schöpferische Kraft sich, bei näherem Hinsehen, heutzutage über die Region verteilt. Während gebaut und geackert, gemästet und geschlachtet, produziert und gehandelt, gelehrt und gebetet wird, denken und arbeiten Künstler scheinbar abseits in Linien, Farben und Formen. Gewiß, Oberschwaben ist keine Gegend des Aufbruchs, der Neuerer; dennoch, die genuinen Kräfte bleiben – im Zeitalter globaler Tendenzen – auch hier nicht länger heimatbezogen; vereinzelt ist ihr Schaffen ohnehin; die einst von Otto Dix präsidierte »Sezession Oberschwaben-Bodensee« der Nachkriegsjahre gibt es nicht mehr. Einige Wenige sind durchaus provinzsprengend, das heißt: geistig in den Zentren zuhaus und dort gefragt.

In Wilhelmsdorf lebte seit 1967 zurückgezogen der bei Herford geborene Otto Coester (1902–1990), ein Altmeister der Radierung, lange Jahre Professor an der Düsseldorfer Akademie; Freund von Alfred Kubin. Und Düsseldorf scheint nach wie vor seine künstlerische Heimat zu sein: Dort bot der Kunstverein 1989 eine Retrospektive seiner thematisch variablen Werke, in denen Reales und Surreales (alp)traumhaft eins sind. In Bad Waldsee lebt und arbeitet der Holzschneider und Maler Paul Heinrich Ebell, geboren 1908 in Berlin, dessen Werk sich zur Abstraktion hin bewegt; seine Waldseer Glasfenster versuchen das Wasser in allen Erscheinungsformen festzuhalten.

Einer der letzten »echten« Bildhauer starb 1989 mit 57 Jahren: Elmar Daucher, der in Oggelshausen am Federsee lebte und werkte. (Nebenbei, Ort eines der ersten Bildhauersymposien; das archaisch anmutende Skulpturenfeld im Süden des Dorfs spricht weiter davon.) Dauchers Findlinge zeigen oft nur Spuren und Andeutungen des Meißels. Sein wohl bekanntestes Werk steht in Stuttgart auf dem Karlsplatz: ein Mahnmal für die Opfer des Faschismus. Aufsehen erregte Daucher, als er in den achtziger Jahren – entsprechend der Harmonielehre des Buchauer Musikdenkers Dr. Hans Kayser – die Stille der Steine zum Erklingen brachte, dunkelgrünen Serpentin und schwarzen Granit; mit der Diamantsäge setzte er Einschnitte, gereiht oder kreuzweise, oft kammartig eng und »haargenau«, in polierte Säulen und Ovale oder gewinkelte geometrische Formen, den harmonikalen Proportionen gehorchend: Steinharfen, die zu singen beginnen, wenn die Hand darüberstreicht.

In Grund bei Vogt, geistig viele Meilen weit ab von seinem Geburtsort Ravensburg, arbeitet Hans-Peter Sprinz an seinen so exorbitanten wie bizarren, buntfarbigen, süßgiftigen, barockmarmorierten Holzskulpturen und ihrer bewußt falschen Fülle, die, anfangs mexikanisch, später surrealistisch beeinflußt und ein wenig zu nah an Niki de Saint-Phalle, Lust auf Genuß erwecken, den sie geflissentlich verweigern. »Subversive Baumschule« oder »Prälatenabend« etwa heißen die zusammengesetzten Formen; »Ein guter Boden für Frömmigkeit« zeigt den marmorierten Aufbau mit Kirchenfassade und Friedhofkreuzen; der »Fatale Ort« trägt eine barocke Kapelle; andere Skulpturen nennt Sprinz »Made in Rom«, »Welkes Kreuz«, »Zerbrochenes Herz« – alarmierende Titel kritischer Distanz vor Ort. Neuerdings hat er die figürlichen Motive in Collagen übernommen und dem Formenkanon der Farbholzplastiken vermehrt vegetabile und anatomische Elemente einverleibt. Das Außen kehrt sich immer mehr nach innen. Irritierende »Verwirrspiele« auch weiterhin.

Kein größerer Kontrast zu solch quellender Üppigkeit läßt sich denken als das Schaffen des 1950 geborenen Metzingers Wolfgang Laib, der, Biberach den Rücken zukehrend, Schweinhausen bewohnt. Das liegt für ihn zwischen dem Fernen Osten und New York, zwischen Venedig, Kassel, Paris und Stuttgart – Orte seines Erfolgs. Laibs Farbe ist Reis- und »Milchstein«-Weiß, kontrastiert durch Blütenstaub- und Bienenwachs-Gelb; im Verzicht auf eine persönliche Handschrift und dadurch besonders abgehoben, zur Unzeit keusch, ist dieser meditative Artist eine singuläre Priester-Künstler-Erscheinung. Wenn er im Frühjahr eigenhändig mit Bienenfleiß die Pollen der Haselnußbüsche sammelt oder der sich falscher Landwirtschaft verdankenden Löwenzahnwiese; wenn er die goldgelbe Ernte zu einem Teppich aussiebt oder Häufchen setzt im vorgegebenen leeren Galerieraum – es ist hohe Handlung, Hingabe, zenkunstnahes Mysterium der Stille – dann wird die Vorlage aus Essenz zum Gebetsteppich, weit weg von allen bloß christlichen Fronleichnams-Arrangements und jeder Erntedankpracht. Die Skulptur wird zum Schrein. Ornament wäre Vergehen. Allenfalls noch Holz, Weißblech, Aluminium und Siegellack sind als Formträger zugelassen. Franziskanische Naturmystik vermählt sich fernöstlichem Denken, vorsprachlich-kultisches Environment schafft mit einfachen Formen wie Rechteck und Kegel stille, statische Kraftfelder des Lebendigen.

»Ein Bunker ist aufgeschnitten, im Innern eine strahlend weiße Zelle: Schlachtraum, Leichenhalle, Bad, Wohnraum und Labor in der Mitte der Welt.« So die Stichworte, die Hans Dieter Schaal seinem Bühnenentwurf zum »Orpheus« mitgab, einer der vieldiskutierten Opernproduktionen von Ruth Berghaus. 1943 in Ulm geboren, wollte er zunächst an einer Kunstakademie studieren, wurde aber, nach dem Studium der Kunstgeschichte, Philosophie und Germanistik, Diplom-Ingenieur und Architekt; arbeitet – auch er im Lichtschatten Biberachs – vom Barock umgeben, im alten Pfarrhaus zu Attenweiler. Zwar sind seine Entwürfe und Modelle – zu Architektur geronnene Gedankenflüge – alles andere als barock, sind streng rational durchkonstruiert in Weiß, Schwarz oder Grau, und dennoch phantastisch. Schaal setzt unentwegt Träume, Ideen, exakte Zeichnungen zu den Themen Stadt und Landschaft um; seine Platz- und Gartenmodelle, seine »Architektonischen Situationen« (wie eins seiner Bücher heißt), seine »Denkgebäude« und »neuzeitlichen Paradiessurrogate« machen freilich die Restnatur zum gezähmten Komplement und grünen Bauelement, setzen also voraus, daß der Planet weiterhin aushält, was wir ihm

Detail der Ulmer Hochschule für Gestaltung (Architekt: Max Bill)
Detail of the Ulm School of Design (Architect: Max Bill)
Détail de l'académie de style à Ulm (Architecte: Max Bill)

antun. 1975 ist Schaal – vergeblich – mit provokanten Vorschlägen zur Neugestaltung Ulms aufgetreten; 1985 hat er bei der Ulmer Schau »Magirus 117 – Kunst in den Hallen« eine plastische Installation realisiert: ein »Versinkendes Haus«, und 1990 hat ihm die Galerie der Stadt Stuttgart eine umfassende Retrospektive gewidmet.

In einer vom Barock geprägten Landschaft darf wohl auch im Zeitalter des Funktionalismus gefragt werden, was Architektur als Kunst leistet. Daß sie sich damit schwertut, lehrt, im doppelten Sinn, die Biberacher »Fachhochschule für Bauwesen«. Ein Stück internationaler Architektur aber, das Funktion und Form auf einen künstlerischen Nenner bringt, ist in der Rottalgemeinde Schwendi zu besichtigen: Dort hat der New Yorker Architekt Richard Meier in Zusammenarbeit mit dem kunstsinnigen Unternehmer Siegfried Weishaupt ein »Schulungs-, Ausstellungs- und Sozialgebäude« der Firma für Feuerungssysteme errichtet. Meier, der auch das neue Ulmer Stadthaus am Münsterplatz schuf, hat das Bauhauserbe in unserer Zeit am entschiedensten und erfolgreichsten weiterentwickelt. Kreativität triumphiert hier in überzeugenden Ordnungsstrukturen, Harmonie wird in äußerster Einfachheit erlebbar. Der mit einbrennlackiertem Aluminium verkleidete Baukörper zeigt zwei Gestaltungselemente, die auch für das Barock wesentlich waren: die Durchflutung der Innenräume mit natürlichem Licht und die optische Leichtigkeit der Gesamtkomposition.

Ein Nachruf als Exkurs. Zu den aufregendsten Versuchen, Wissenschaft, Technologie und Kunst im Zeitalter der Industriegesellschaft zu vereinen, gehörte die 1953 gegründete Hochschule für Gestaltung in Ulm, mit der das Bauhaus eine Fortsetzung erfuhr. In den nur 15 Jahren ihres Bestehens gelang es ihr – der so bedeutende Lehrer wie Inge Aicher-Scholl, Otl Aicher, Max Bill angehörten, deren Konzept von Autoren der Gruppe 47 mitgestaltet und von Walter Gropius gefördert wurde –, neue Maßstäbe zu setzen für die Ausformung von Industrieprodukten und Kommunikationsmitteln. Beinah die Hälfte der Studenten und Dozenten kam aus dem Ausland; Ulm wurde zum Forum eines neuen, offenen, doch stets sozial engagierten Konzepts, dessen Auswirkungen vom bahnbrechenden Radio-Design, vom Erscheinungsbild der Lufthansa, der U-Bahn-Züge in Hamburg bis hin zur Systembauweise längst Allgemeingut geworden sind. Finanzielle Gründe der gelegentlich als »links« und »industriefeindlich« apostrophierten Schule führten 1968 (!) zur staatlich angeordneten Schließung durch Filbinger: »Wir wollen etwas Neues machen, und dazu bedarf es der Liquidation des Alten.« (!) Sein Nachfolger Lothar Späth wollte die Universität, wie gesagt, als Denkfabrik der Industrie. Die Kunst durfte dabei zeigen, wo's langgeht: Ein 1200 Meter langer Parcours mit 40 Großplastiken bekannter und einheimischer Künstler wurde 1990 eingeweiht. Überdies ist Ulm neuerdings für das größte Medienzentrum auf Bundesebene ausersehen. Ersatz für die Geisteswissenschaften?

Gotischer Grundstein von 1426 im Bürgermeisterzimmer des Rathauses von Bad Waldsee
Gothic foundation stone from 1426 in the mayor's room in the Bad Waldsee town hall
Pierre de fondation gothique datant de 1426 dans le bureau du maire, à l'intérieur de l'hôtel de ville de Bad Waldsee

Kruzifix und Ausmalung des Ratssaals (1526)
Crucifix and painting in the council hall (1526)
Crucifix et peinture de la salle du conseil (1526)

Johann Heinrich Tischbein d. Ä.,
»Verherrlichung des Grafen Stadion mit dem Selbstbildnis des Künstlers«
"Celebration of Count Stadion with self-portrait of the artist" by Johann Heinrich Tischbein senior
Johann Heinrich Tischbein l'Ancien, «Glorification du Comte Stadion avec autoportrait de l'artiste.»

Klassizistisches Konzerthaus in Ravensburg
Classical concert house in Ravensburg
Bâtiment classique abritant la salle de concert à Ravensburg

CERT-HAUS

Skulpturenfeld bei Oggelshausen
Sculptures near Oggelshausen
Ensemble de sculptures
près d'Oggelshausen

Biberach – Eldorado des Films
Biberach – the eldorado of the movies
Biberach – Eldorado du film

Schloßpark Altshausen. Plastik von Faustino Aizkorbe
Castle grounds in Altshausen. Sculpture by Faustino Aizkorbe
Parc du château d'Altshausen. Sculpture de Faustino Aizkorbe

Am »Hexenhäusle« in Untersessach
The "Hexenhäusle" in Untersessach
«Hexenhäusle» (petite maison de sorcière) à Untersessach

Der Arbeitsplatz von Romane Holderried-Kaesdorf…
The work place of Romane Holderried-Kaesdorf…
Lieu de travail de Romane Holderried-Kaesdorf…

…die Zeichnung »Fremde Gehilfin beim Schieben«
…the drawing "A stranger helps to push"
…une œuvre de cette artiste-peintre

Der Maler Julius Kaesdorf in seiner Kanzlei
The painter Julius Kaesdorf in his office
Le peintre Julius Kaesdorf dans sa chancellerie

Der malende Pfarrer Braun aus Immenried
The artist Father Braun from Immenried
Le Père peintre Braun d'Immenried

Der Bildhauer Hans-Peter Sprinz in Vogt
The sculptor Hans-Peter Sprinz in Vogt
Le sculpteur Hans-Peter Sprinz à Vogt

Bruno Effinger vor dem Holzschnitt »Kamele« von HAP Grieshaber
Bruno Effinger in front of the wood engraving "Camels" by HAP Grieshaber
Bruno Effinger devant la sculpture sur bois: «Chameaux» réalisée par HAP Grieshaber

Künstlerarchitekt Hans Dieter Schaal
Architect Hans Dieter Schaal
Architecte et artiste: Hans Dieter Schaal

Die Literatur zuletzt?

Ja, doch. Denn die Dichter und Literaten, sie waren – blickt man vergleichsweise in die Neckargegend hinunter – in Oberschwaben spärlich gestreut. Die Kirche, die ihre Sache auf Symbol- und Imponierwerte gestellt hatte, auf Architektur, Plastik, Bild und Musik, und nicht wie später die Protestanten aufs Wort, war keine Freundin der Literatur, schon gar nicht der weltlichen. Gewiß, anonyme Texte und Lieder gab es im Mittelalter auch hier. Ältester »namhafter« Poet ist Hermann der Lahme, genannt Hermannus Contractus, der am 18. Juli 1013 in Saulgau als »gichtbrüchiger« Sohn des Grafen Wolfrad II. von Altshausen zur Welt kam, mit sieben Jahren Klosterschüler auf der Reichenau wurde und 1043 Benediktinermönch. Der Hochbegabte entwickelte sich zum Universalgelehrten, bald weithin berühmt als Hymnendichter, Musiker, Historiker, Mathematiker und Astronom. Und »obwohl er an Mund, Zunge und Lippen gelähmt war und nur gebrochene, kaum verständliche Worte langsam hervorbringen konnte, war er seinen Schülern ein beredter und eifriger Lehrer«, berichtet der Lieblingsschüler Berthold († 1088). Sein Hauptwerk ist eine von der Geburt Christi bis in Hermanns Todesjahr 1054 reichende Weltgeschichte, das »Chronikon«. Der in der Pfarrkirche zu Altshausen Beigesetzte wurde später seliggesprochen.

Hermann der Lahme überreicht Maria sein Salve Regina
Hermann the Lame gives his Salve Regina to Maria
Hermann le Paralytique remet à la Sainte Vierge son Salve Regina

Da bücherschreibende Frauen hierzuland vor dem 18. Jahrhundert erst gar nicht erscheinen, soll die erste deutsche Mystikerin Hildegard von Bingen (1098–1179) für sie stehen. Sie hat, Benediktinerin auch sie, neben der Niederschrift ihrer Visionen, mystisch durchsetzte Schriften zur Natur- und Heilkunde sowie hagiographische Werke verfaßt. »Da endlich legte ich, bezwungen durch die vielen Leiden, Hand ans Schreiben.« Auch hat sie 77 Gesänge »zum Lobe Gottes und der Heiligen« komponiert. Kaiser und Päpste standen mit ihr in Verbindung, seit etwa 1154 auch der Abt Berthold sowie die Nonnen und Mönche des Doppelklosters Zwiefalten, denen sie gern die Leviten las; der Briefwechsel über sechzehn Jahre hin ist teils erhalten, und die letzte ihrer sieben Predigtreisen führte Hildegard von Bingen hierher. Wie ihr Werk ist auch die Weingartener Liederhandschrift nur peripher zugehörig: jene Sammlung von Liedern und Sprüchen, die um 1300 in Konstanz entstand und in Weingarten zeitweise lagerte – neben der Manessischen und Jenaer Liederhandschrift eine der drei wichtigsten Quellen des deutschen Minnesangs.

Als Sänger der Gottesliebe gilt der um 1295 in Konstanz geborene Mystiker und Dominikaner-Prediger Heinrich Seuse, ein Schüler Meister Eckeharts. Er ist einer der ersten deutschschreibenden Autoren, und sein »Büchlein der Ewigen Weisheit« war – neben der »Nachfolge Christi« des Thomas von Kempen – das meistverbreitete Erbauungsbuch des ausgehenden Mittelalters; es bot dichterische Anleitung zur Kontemplation, besonders über das Leiden Christi, und zur Einübung in die Mystik. Seuse lebte seit 1348 in Ulm und starb dort im Januar 1366.

Aus Ehingen stammt der urbäuerliche Jakob Locher (1471–1528), der sich bezeichnenderweise »Philomusus« nannte, Lehrer des

Satirikers und Luther-Gegners Thomas Murner war und 1497 von Kaiser Maximilian mit dem Dichterlorbeer geschmückt wurde; Humanist, neulateinischer Dichter und Übersetzer, der dem Durchbruch seiner Gedanken schon auch mal handfest nachhelfen konnte, schuf Locher die erste Horaz-Ausgabe in Deutschland und übersetzte Sebastian Brants »Narrenschiff« zu weiterer Verbreitung ins Lateinische. – In Meßkirch, das vom 14. bis zum Ende des 16. Jahrhunderts den Grafen von Zimmern gehörte, schrieb Graf Froben Christoph zwischen 1564 und 1566 die »Zimmersche Chronik«, die bislang in Donaueschingen lag und in der sich unter anderem über die Truchsessen von Waldburg nachlesen läßt, über den Bauernjörg notabene.

Dem weltlichen Bild des ausgehenden Mittelalters – die Menschen als Narren, die alle in einem Boot sitzen – stellte die Barockzeit das geistliche Bild vom Dasein als einer Schaubühne entgegen, auf der sie die Akteure sind und Gott der große Regisseur. Dafür gaben zumal die Jesuiten, Vorkämpfer der Gegenreformation, »Schulbeispiele«. So Jacob Bidermann, der bedeutendste Vertreter des Jesuitendramas, der wie Locher in Ehingen zur Welt kam (1578). Nach dem Studium in Ingolstadt wirkte er in Augsburg, später in München und Dillingen als Professor für Rhetorik und Leiter des neulateinischen Schultheaters. Sein bekanntestes Drama ist »Cenodoxus«, die Geschichte des heuchlerischen Doktors von Paris, der zur Hölle fährt, weil es ihm an Demut fehlt. Bidermann starb 1639 in Rom als Zensor (!) und rechte Hand des Ordensgenerals. – Unweit von Meßkirch, im Dorf Kreenheinstetten, wurde 1644 Johann Ulrich Megerle geboren, Schüler der Meßkircher Lateinschule und des Jesuitenkollegs in Ingolstadt, der sich dann Abraham a Sancta Clara nannte und als Augustiner-Barfüßer in Augsburg, Graz und Wien – dort seit 1677 als Kaiserlicher Hofprediger – so volkstümliche wie drastische Predigten hielt, die voller Witz und Wortspiele waren. Schiller entnahm ihnen die Vorlage zu seiner Kapuzinerpredigt im »Wallenstein«. Im übrigen war der 1709 in Wien für immer Verstummte ein Juden- und Katzenhasser.

Gnadenmadonna vom Zwiefalter Kreuzaltar
Holy Madonna from the altar in Zwiefalten
La Madone de Grâce, autel de la Sainte Croix à Zwiefalten

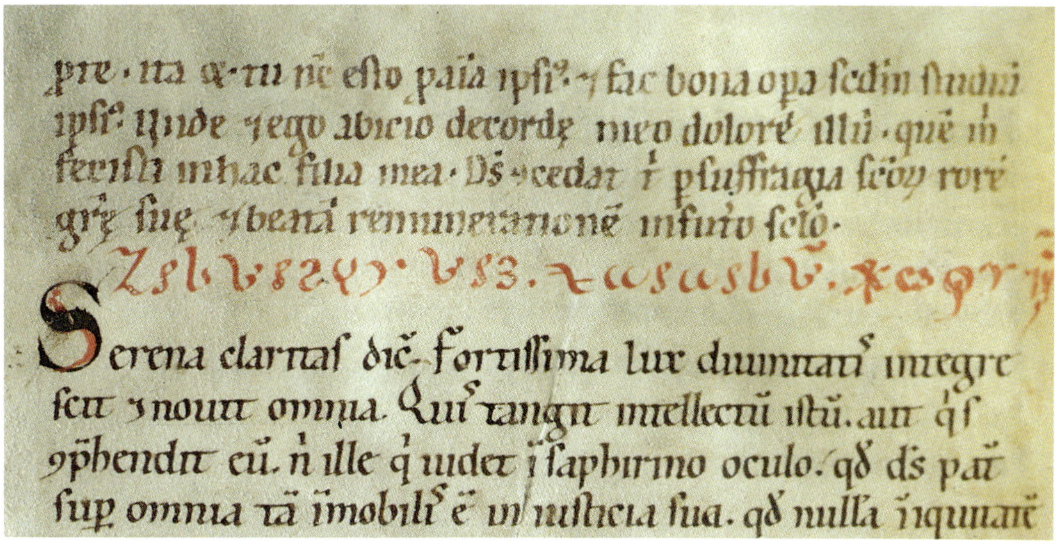

Brief Hildegards von Bingen an den Konvent von Zwiefalten (adressiert in Hildegards Geheimschrift)
Letter from Hildegard von Bingen to the convent of Zwiefalten (addressed in Hildegard's secret writing)
Lettre d'Hildegard von Bingen à l'assemblée de Zwiefalten (adressée en écriture chiffrée celle qu'Hildegard utilisait)

Heinrich von Veldeke. Aus der Weingartner Liederhandschrift
Heinrich von Veldeke. From the Weingarten Manuscript of Ballads
Heinrich von Veldeke. Tiré du recueil de chants manuscrit de Weingarten

Textseite aus der Weingartner Liederhandschrift
Text from the Weingarten Manuscript of Ballads
Page de texte tirée du recueil de chants manuscrit de Weingarten

Weingarten: Basilika St. Martin
Weingarten: St. Martin's Basilica
Weingarten: Basilique St-Martin

... und Fruchtkasten (Bibliothek der Pädagogischen Hochschule)
... and granary (the library of the College of Education)
... et halle au blé (Bibliothèque de l'école normale de la pédagogie)

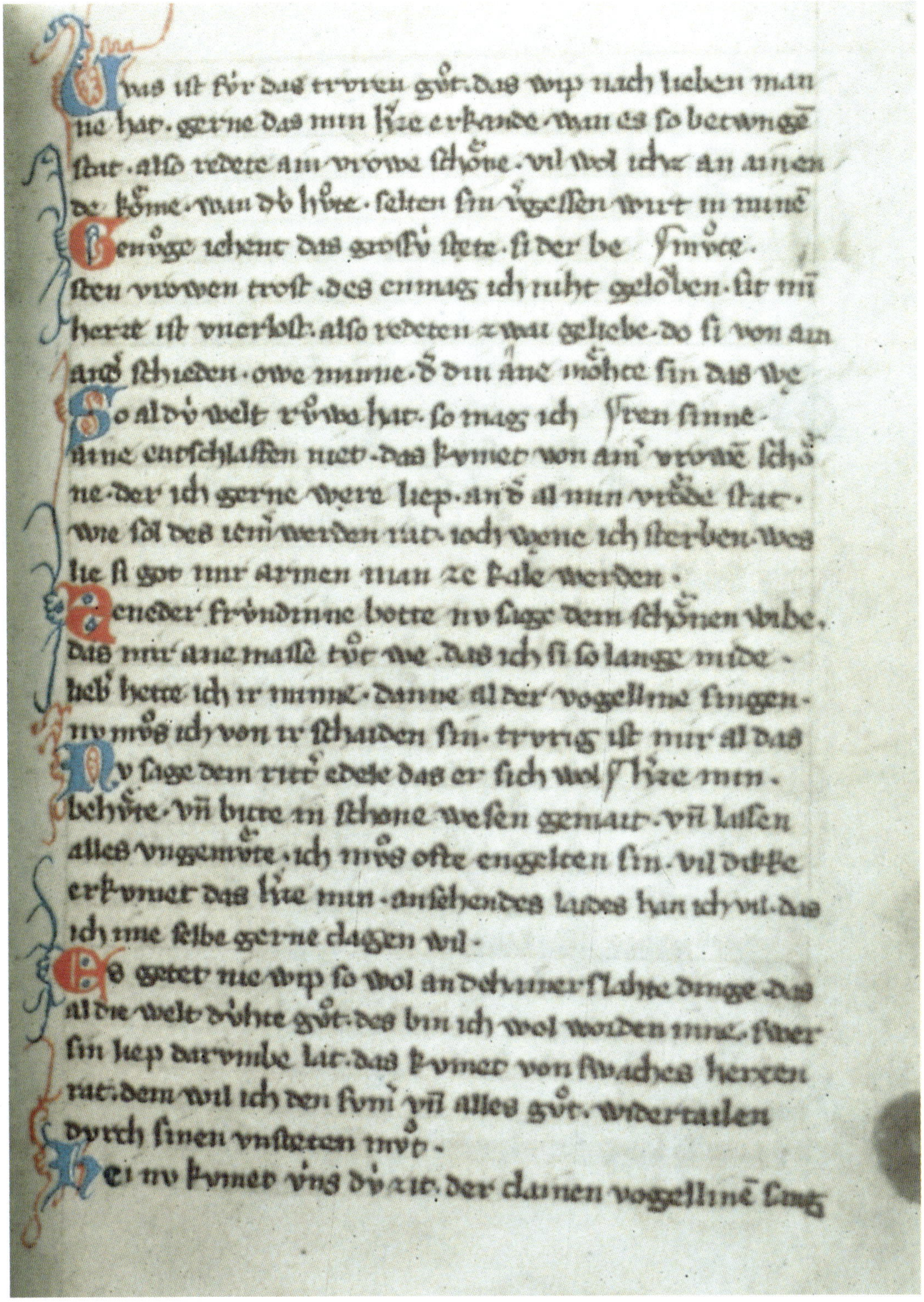
Was ist för das truren gůt. das wip nach lieben man
ie hat. gerne das min hêre erkande wan es so betwungē
hat. also redete ain vrowe schône. vil wol iche an ainen
de kôme. wan d' hûte. selten sin vergessen wirt in minē
Genůge ichent das grôssů stete. si der be sinnet.
sten vrowen trost. des enmag ich niht geloben. sit mī
herze ist unerlost. also redeten zwai geliebe. do si von ain
and' schieden. owe minne. d' din ane möhte sin das we
So al dů welt trůwe hat. so mag ich stren sinne.
aine entschlaffen niet. das kumet von ain' vrowē schô
ne. der ich gerne were liep. an d' al min vröde stat.
wie sol des iem̄ werden rat. ioch wene ich sterben. wes
lie si got mir armen man ze kale werden.
Geneder frůndinne botte nv sage dem schônen wibe.
das mir ane masse tůt we. das ich si so lange mide.
lieb' hette ich ir minne. danne al der vogellîne singen.
nv můs ich von ir schaiden sin. trurig ist mir al das
Nv sage dem ritt' edele das er sich wol hûte min.
behůte. vn̄ bitte in schone wesen gemait. vn̄ lasen
alles ungemůte. ich můs ofte engelten sin. vil dicke
erkumet das h'ze min. ansehendes laides han ich vil. das
ich ime selbe gerne clagen wil.
Es getet nie wip so wol an dehainer slahte dinge. das
al die welt dûhte gůt. des bin ich wol worden inne. swer
sin liep darumbe lit. das kumet von swaches herzen
rat. dem wil ich den sum̄ vn̄ alles gůt. widertailen
durch sinen unsteten můt.
Hei nu kumet ůns dů zit. der clainen vogellinē sang

(Auch Martin Heidegger, sein späterer Landsmann aus Meßkirch, 1889–1976, dessen teils fragwürdige Denkwege seit 1927, dem Erscheinungsjahr von »Sein und Zeit«, nicht nur die Philosophen beschäftigten, hat aus der Bauernsprache seiner Heimat geschöpft, Blut-und-Boden inbegriffen.)

Das Paradies nach Oberschwaben verlegt hat dann der 1714 im bayrischen Weißenhorn geborene Johann Valentin alias Sebastian Sailer, der schon früh in die Klosterschule nach Obermarchtal kam, danach als Pfarrherr in Seekirch und Reutlingendorf, seit 1757 im nahen Dieterskirch wirkte. Der volkstümliche Prediger, Dichter und »schwäbische Cicero« hat im Namen des Klosters auch den Zehnten eingetrieben und die Polizeigewalt ausgeübt. Lebendig geblieben ist Sebastian Sailer in seinen »Komödien« und Dialektgedichten. Mutig läßt er, dieser Stammvater der Mundartdichtung, die Märtyrer und Heiligen echtes Oberschwäbisch reden; schön derb verbauert er den Himmel oder holt ihn, wenn auch weniger alabastern als die Baumeister damals, auf die Erde herunter. Heißt es in der Bibel, daß Gott die Welt aus dem Nichts erschaffen habe, so setzt Sailer diesen Vorgang in handfeste Anschauung um:

Auhne Hammer, auhne Schlegel,
auhne Bretter, auhne Negel,
auhne Schaufel, auhne Kella,
auhne Buaba, auhne G'sella,
auhne Schiefer, auhne Stoi
i sealbar ganz alloi.

Das sind Verse aus der noch heute da und dort aufgeführten Komödie »Die Schöpfung der ersten Menschen, der Sündenfall und dessen Strafe«, kurz »Schwäbische Schöpfung« genannt, in der Adam und Eva als hiesige Bauersleute agieren; er bruttelig und sie zungenfertig; und Gottvater, halb oberschwäbischer Prälat, halb Schultheiß, teils gutmütig, teils sackgrob und unerbittlich.

Pfarrhaus und Pfarrscheune Sebastian Sailers in Dieterskirch
Sebastian Sailer's presbytery and parish barn in Dieterskirch
Cure et grange de la cure de Sebastian Sailer à Dieterskirch

Die erste Aufführung der »Schwäbischen Schöpfung« 1743 im Prämonstratenserkloster Schussenried soll Pater Sebastian allein bewerkstelligt haben, zu seinen Arien und Arietten sich selbst auf der Geige begleitend. 1777 ist er in Obermarchtal gestorben.

Von Christoph Martin Wieland, der 1733 im Pfarrhaus zu Oberholzheim zur Welt kam und in Biberach aufwuchs – von diesem früh sprachbegabten, halb lutherisch, halb pietistisch erzogenen, alsbald dichtenden Mitbewohner ist in der labyrinthischen Kreisstadt auf Schritt und Tritt die Rede; keiner wurde so heimgeholt mit Denkmal, Gedenktafeln, Museum, Archiv und Schauraum; hier das Wieland-Gartenhäuschen, die Wieland-Linde, dort die Wieland-Straße, das Wieland-Gymnasium, der Wieland-Schülerpreis etc., und es nähme nicht wunder, wenn es den Wieland-Laugenspitz, Wieland-Krapfen oder -Zöpfe gäbe – greift zu, ihr lieben Bäcker und Konditoren! Seit 1983, der Wiederkehr seines 250. Geburtstags, sind auch, nach langer editorischer Stille, etliche Werkausgaben erschienen. Aber – wurde er, wird er auch gelesen?

Sehr wohl gelesen, und mit großem Vergnügen, hat ihn seinerzeit Friedrich Graf von Stadion mit den Seinen im nahen Schloß Warthausen, wo »die Musen und Grazien lustwandelten«. Der junge Dichter war zwar, in Ansehung der reputierten Familie, zum Senator und Stadtschreiber Biberachs gemacht worden; aber frei atmen und seine Herzensaffären verarbeiten konnte er nur in Warthausen. Eingeführt hatte ihn dort seine Jugendliebe Sophie Gutermann, verheiratete Sophie La Roche (1730–1807). Wieland: »Nichts ist wohl gewisser, als daß ich, wofern uns das Schicksal nicht im Jahre 1750 zusammengebracht hätte, kein Dichter geworden wäre.« Beide blieben sich lebenslang in Seelenverwandtschaft verbunden. Daß Sophie La Roche, in einer Zeit, da Frauen zu schweigen hatten, selbst zur Feder griff und in ihrem 1771 erschienenen Briefroman »Geschichte des Fräuleins von Sternheim« der weiblichen Psyche Sprache verlieh, hat damals, lange vor den Romantikerinnen, junge Frauen zum Denken und zur Selbstfindung ermutigt.

1761 hatte in Biberach, unter Wielands Leitung, die erste Aufführung von Shakespeares »Sturm« in seiner Übersetzung stattgefunden. 1769 aber, mit der Erfurter Professur, nahm er für immer Abschied von Oberschwaben (»großer Lärm über mein Fortgehen«), zumal mit dem Tod des Grafen im Jahr zuvor auch die Warthauser Hofidylle dahin war. Seit 1771 als Prinzenerzieher, Dichter und Herausgeber des »Teutschen Merkur« in Weimar, wurde der Unermüdliche zum literarisch »berühmtesten Mann in Teutschland«; bevor Goethe den Freund überstrahlte. Sein Biberach hat ihn immerhin zu einem komischen Roman von Weltrang angeregt: zu jener »Geschichte der Abderiten« – »nichts als eine idealisierte Composition der Albernheiten und Narrheiten des ganzen Menschengeschlechts, besonders unserer Nation und Zeit« –, wozu ihm die hiesigen Erfahrungen offenbar vorzüglich taugten. Als »Dekan des deutschen Parnasses« hat Wieland, über den die Klassik und die junge Romantik hinweggingen, sich und seine Zeit überlebt; 1813 starb er in Weimar.

Und Goethe? Stimmt, der hat, auf der Rückreise von Italien nach Weimar, am 10. Juni des Jahres 1788, begleitet vom Komponisten Philipp Christoph Kayser, in

Ravensburg zu Mittag gegessen (was?), ist über Waldsee nach Biberach gelangt und hat in der »Krone« übernachtet (keine Gedenktafel, wie?), sich im Städtchen sogar die Haare schneiden lassen; hat selbstverständlich Einlaß und Wegegeld beglichen, ist aber andern morgens rasch weitergefahren über Laupheim nach Ulm. Das Ausgabenbuch ist erhalten, Lokalpoetisches nicht. War wohl zu sehr mit dem »Tasso« beschäftigt. Schade.

Aus der Landschaft selbst, die jetzt zum Dornröschenschlaf des 19. Jahrhunderts ansetzte, kam auch der begabte Mundart-Bänkelsänger Carl Borromäus Weitzmann (1767–1828), ein Halboberschwabe, dessen Vater, ein preußischer Militärarzt, auf seinen Kriegsfahrten in Munderkingen hängengeblieben war. Studiosus der Rechte in Wien, kam er als überzeugter Anhänger der Aufklärung heim und »wetzte als loser Vogel seinen Schnabel an allen möglichen Dingen«. Dem sei nichts heilig, hieß es bald über den Spötter, der noch dazu politisch dachte und handelte: freiheitlich-sozial. Weitzmann, begabt auch als Musiker und Maler, starb völlig verarmt, versteht sich; wer er war, was er schrieb, ist erst in neuerer Zeit editorisch ins rechte Licht gestellt worden. – Und da ist der Saulgauer Michael Jung (1781–1858), komödiantischer Prediger und so berühmter wie unermüdlicher Verfasser von Grabliedern im Stil von Schauerballaden, die er zur Laute vortrug. Ab 1811 hatte er in Kirchdorf an der Iller die angeblich schlechtestbesoldete Pfarrei von Oberschwaben inne. Zwar wurde er vom König für Verdienste bei der Seuchenbekämpfung zum Ritter geadelt, die Kirche hingegen hat ihn 1840 wegen seiner Nekrophonie nach Tettnang strafversetzt, nachdem er im Jahr zuvor zwei Bände unter dem Titel »Melpomene oder Grablieder« herausgebracht hatte.

Heiliggeist-Spital in Ehingen (Städtisches Museum)
Heiliggeist (Holy Ghost) hospital in Ehingen (town museum)
Hôpital du St-Esprit à Ehingen (musée municipal)

Wie mit der Klassik wußte Oberschwaben auch mit der literarischen Romantik nichts anzufangen und, umgekehrt, die Dichter nichts mit ihm; sie besangen, ob Uhland, Gustav Schwab oder Hauff, lieber die Rauhe Alb oder gleich den Bodensee. Bis auf einen: Der biedermeierliche Eduard Mörike (1804–1875) verstand sich bestens auf Oberschwaben. Er, der kein Pfarrer werden wollte, kam im Frühjahr 1828 nach Scheer, wo sein Bruder Karl als Amtmann der Thurn und Taxis waltete. Sein halb fideler, halb ruh- und rastloser Aufenthalt dort gehört – was wenig bekannt ist – zu den poetisch ergiebigsten Zeiträumen seines Lebens. Über zwanzig Gedichte, zumal Liebesgedichte, sind damals entstanden, darunter das unvergleichliche Donau-Gedicht »Mein Fluß«, auch »Frage und Antwort«. Indessen – Liebe macht blind: kein Vers rühmt die Gegend unmittelbar... Anfang 1829 bezog er für ein paar Monate als Pfarrverweser das »lotterleere« Pfarrhaus in Pflummern bei Riedlingen, »worin ich ganz allein als Herr und Gespenst spuke«; zwei seiner schönsten Gedichte schrieb er dort: »Er ist's«, der Neunzeiler vom Frühling, der sein blaues Band flattern läßt, und jenes traumwahrsagende Rollengedicht vom »Verlassenen Mägdlein«.

In seiner Neigung zu »nutzlosen« Tätigkeiten nicht weit von Mörike weg war der 1832 in Ertingen geborene Bauernsohn Michel Buck. Inmitten einer bildungsfeindlichen Bevölkerung gab er sich unbekümmert der »Faulenzerei« hin, nämlich dem Lesen, der Heimatforschung und gar dem Dichten. Versuchte, nach dem Medizinstudium, jahrzehntelang an verschiedenen Orten Oberschwabens eine Arztpraxis aufzubauen; aber zu wenig Patienten wollten den »Dokter« bezahlen. 1874 wurde Buck Oberamtsarzt in Ehingen, wo er 1888 starb. Daß er bäuerlichen Redensarten, Sagen und Überlieferungen nachging und seine Gedichte in der angeborenen Mundart schrieb, hing in seinem Fall nicht mit Naivität, sondern Weitsicht zusammen: Er sah die Folgen der Industrialisierung voraus, die Vergewaltigung der Natur durch einseitig am Gewinn ausgerichtete Monokultur, zum Beispiel der damals verbreiteten Rübenproduktion zur Zuckerherstellung. Michel Bucks noch heute beliebte Gedichtsammlung »Bagenga« erschien erst nach seinem Tod; ebenso seine »Erinnerungen an meine Kindheit«. Spätergeborene wie Karl Fuß alias Wendelin Überzwerch oder der Bauer August Mohn aus Daugendorf haben die – angesichts des tatsächlichen Verfalls der ländlichen Kultur – anachronistisch gewordene Dialektdichtung fortgeführt.

In Ulm lebte und schrieb in seinen letzten zehn Jahren der Ingenieur Max von Eyth (1836–1906), der bei Fowlers Konstruktion eines Dampfpfluges mitwirkte, den er in vielen Ländern einführte; in Berlin gründete er 1885 die Deutsche Landwirtschaftsgesellschaft. Später verfaßte er Bücher wie »Hinter Pflug und Schraubstock« (1899), »Der Kampf um die Cheopspyramide« (1902) und zuletzt den Roman »Der Schneider von Ulm« (1906) – die Geschichte Albrecht Berblingers, der 1811 den Versuch unternahm, mit Hilfe von Flügeln im Gleitflug von der Stadtmauer über die Donau zu fliegen und – ins Wasser fiel.

Auch Wilhelm Schussen (1874–1955), der bürgerlich Frick hieß, wäre zu nennen, Volksschullehrer, heimatlicher Lyriker und Erzähler, Verfasser des Schelmenromans »Vinzenz Faulhaber« (1907); und Hans Erich Blaich alias Dr. Owlglass aus Leutkirch

(1873–1945), der, zwar Arzt, in München jahrelang die satirische Zeitschrift »Simplizissimus« redigierte und darin seine Gedichte veröffentlichte; Gegner des Naziregimes, erfuhr er am Kriegsende nicht Befreiung, sondern tragisches Unrecht, dem er erlag.

Und wie halten wir es mit Ernst Jünger (*1895), mit dessen Ästhetisierung von Krieg und »Stahlgewitter« bis zum heutigen Tag? Mit dessen heroisch-nihilistischer Utopie, unscharf in Symbol und Mythos gründelnd und jeder sozialen Regung abhold? Der Hauptmann trank in Paris, beim Bombardement der Stadt durch die Engländer, auf dem Dach des Hotels »Raphaël« genüßlich Champagner. Während die geflohene Vichy-Regierung – in ihrem Gefolge der französische Autor Louis-Ferdinand Céline (1894–1961) – im Sigmaringer Schloß einquartiert war. Célines Roman »Von einem Schloß zum andern« (1957), mit Szenen von dort, ist die bissige Abrechnung mit einer untergehenden Epoche, die der Schiller- und Goethe-Preisträger Jünger, bald ein Jahrhundert alt, und wär's mit sich selbst, erst noch zu leisten hätte. »Geprägt wurden Céline wie Jünger auf den Schlachtfeldern des Ersten Weltkrieges... Doch während Céline im Krieg den totalen Wahnsinn erkannte und abbildete, verklärt Jünger ihn noch heute nostalgisch« (Peter Hamm). Jüngers schriftstellerisches Werk – erzählende Schriften, Essays, Tagebücher – ist in einer 18bändigen Ausgabe greifbar. Weniger er selbst. Anders sein Bruder Friedrich Georg Jünger (1898–1977), Essayist, Erzähler und Lyriker, dessen Werk Zeugnis ablegt von einem wach und scharf beobachtenden Leben, von großer Sensibilität und sprachlicher Gewissenhaftigkeit: seine Gedichte, Klopstock, Hölderlin und der Antike verpflichtet, ebenso wie seine kritischen Betrachtungen zu »Sprache und Denken« oder über die »Perfektion der Technik«.

Am Marktplatz in Laupheim
In the market place in Laupheim
Sur la place du marché de Laupheim

»In meine Heimat möcht ich nicht zurück,
nicht an den Ort, aus dem sie mich vertrieben«,

schrieb der in Laupheim geborene jüdische Autor Siegfried Einstein (1919–1983), dessen Ahnen aus Bad Buchau stammen. Ein anderes Gedicht heißt »In meine Heimat nur im Tod«. Der »Heimatlose«, zu dem er gemacht wurde, blieb in Oberschwaben, das ihm hätte Heimat sein müssen, nahezu unbekannt, vielleicht »mit Fleiß«; während andernorts seine Bücher, Artikel und Reden starke Resonanz erfuhren und Erich Kästner wie Thomas Mann den Tucholsky-Preisträger bewunderten. Der Lyriker und Meister der kurzen Form, der vor allem verhindern wollte, daß das Unrecht vergessen wird, erregte dann anfangs der sechziger Jahre Aufsehen mit seiner Dokumentation »Eichmann – Chefbuchhalter des Todes«; die jedoch keine zweite Auflage erfuhr, weil Einstein gerichtlich angeordnete Streichungen nicht akzeptierte. In seinem Werk taucht Laupheim und die Sehnsucht dorthin oft auf. Fast unbemerkt wurde er 1983 »heimgeholt« auf den jüdischen Friedhof.

»Der Heimatlose bin ich hier und dort,
in allen Städten und auf allen Gassen.
Da ist, so weit ich denken kann, kein Ort,
den nicht der Fremdling, der ich bin, verlassen.«

Lauter einzelne, gewiß, und literarisch kaum landschaftsprägend oder -geprägt. Läßt sich wenigstens in neuerer Zeit von einer oberschwäbischen Literaturszene sprechen? Sind wir – selbst wenn wir uns an die Bodenseeregion anbinden, in der mehr Autoren sitzen als in andern Provinzen – nicht weiterhin Vereinzelte, trotz gelegentlicher Treffen an wackligen Wirtshaustischen oder seit 1967 beim alljährlich in Wangen tagenden Literarischen Forum Oberschwaben, das sich Dr. Walter Münch (1911–1992) verdankt, dem letzten Wangener Landrat und unermüdlichen Förderer von Kunst und Literatur?

Lang, allzulang nach Sophie La Roche traten endlich schreibende Frauen ins Licht – aber auch erst nachdem sie, die »drei Marien«, von Martin Walser, dem Mitbegründer des Forums, hineingestellt wurden. Maria Müller-Gögler (1900–1987) aus Leutkirch, die später in Weingarten lebte, hatte Gedichte und heimatverbundene historische Romane verfaßt. Keins ihrer Bücher war greifbar, als die 67jährige zum erstenmal vor der kritischen Kollegenrunde des Forums las; die Folge war eine zu ihrem 80. Geburtstag erschienene neunbändige Werkausgabe der Romane, Erzählungen, Erinnerungen und Gedichte, finanziell ermöglicht durch das Literaturarchiv Oberschwaben (auch das gibt es) und seine Mäzene. Ähnliche Förderung erfuhr die 1903 in Oberessendorf geborene Lyrikerin Maria Menz, die dann 1982 den Johann-Peter-Hebel-Preis und den Meersburger Droste-Preis erhalten hat. Schon als Kind beim Viehhüten hatte sie zu dichten versucht; aber erst seit 1942, als sie ihren Beruf als Krankenpflegerin aufgeben mußte und in die Enge ihrer Herkunft zurückkehrte, entstanden vermehrt Gedichte, von denen niemand im Dorf etwas wußte. Neben Walser hatte Josef W. Janker als beratender Kollege beträchtlichen Anteil an der stilistischen Selbstvergewisserung der Autodidaktin, die in ihrer Frömmigkeit und Wahrhaftigkeit oft zu verblüffenden Bildern in Mundart und Hochdeutsch findet und mit manchmal fast visionärem Gestus Gott bestürmt:

»Ich sehe deine ragende Gestalt
stets durch die Schleier meiner Dinge dämmern.
Die Dinge werden dünn und greisenalt,
und näher hör ich Deinen Anspruch hämmern.«

Als die 1920 bei Tettnang geborene Maria Beig mit sechzig erstmals aus ihrem Roman »Rabenkrächzen« vorlas, den die ehemalige Handarbeitslehrerin feinsäuberlich von Hand in ein Schulheft geschrieben hatte, war das Forumsurteil einhellig. Ein episches Naturtalent, eine unsentimentale Chronistin ländlichen Lebens, die bereits Versunkenes mit wahrheitsgetreuem Gleichmut festhielt. Dem »Rabenkrächzen«, von der etablierten Kritik gleichermaßen belobigt, folgten rasch die Bände »Hochzeitslose«, »Hermine – ein Tierleben«, »Minder. Oder zwei Schwestern« sowie die Erzählungen des Bandes »Urgroßelternzeit«. Frauenschicksale zumal. Heimatliteratur ohne falschen Ton.

Aus Wolfegg stammt der in Ravensburg lebende Schriftsteller Josef W. Janker (* 1922), ohne dessen literaturfördernde Wirksamkeit die regionale Szene, wenn es sie denn gibt, nicht denkbar wäre. Einer Generation zugehörig, die der Krieg verschlang (der ihn zum Schwerbeschädigten machte), wurden Bezeugen und Schreiben für ihn zur Überlebensaufgabe (»... ein weiter Weg vom Liegestuhl zum Schreibtischsessel«), Krieg und Herkunft seine Themen. Dem ersten, autobiographisch geprägten Roman »Zwischen zwei Feuern«, den Heinrich Böll zum »eisernen Bestand der deutschen Nachkriegsliteratur« rechnete, und den Erzählungen »Mit dem Rücken zur Wand« folgten später auch Kindheitserinnerungen aus Ravensburg und Reiseberichte; nicht zuletzt gilt Janker als brillanter Schreiber von Briefen, diesem aussterbenden Genre – alldies Inhalt einer 1988 erschienenen vierbändigen Werkausgabe –, wiederum vom Literaturarchiv Oberschwaben initiiert, die den so skrupulös wie pointiert die Sprache handhabenden Schriftsteller dokumentiert.

Auch der Literaturkritiker und Lyriker Peter Hamm aus Weingarten und der Romancier und Essayist Peter Renz sind eng mit dem Literarischen Forum Oberschwaben verbunden; diesem »Stelldichein der großen und kleinen Talente, einer Arena der Entdeckungen und Niederlagen, ein Kontakthof für Neulinge im Metier, geselliger Treff der Routiniers, dabei ganz familiär, eine Miniatur der Gruppe 47, weniger bissig, weniger gewichtig, doch für die Teilnehmer nicht minder bedeutungsvoll« (Peter Renz).

Mag die Einigkeit der literarischen Einzelgänger anzweifeln, wer will. Ihre Ausstrahlung ist überregional. Erwähnen wir noch die Biberacher Rathaus-Lesungen, die frequentierten Stadtbüchereien von Ravensburg bis Riedlingen mit ihren Aktivitäten und – nicht zuletzt – die hiesigen Literaturverlage vom Jan Thorbecke Verlag in Sigmaringen bis zur Ravensburger Kinderbuch-Hydra. Und das alles in einer erzkatholischen Gegend, also ohne die geistigen Impulse, wie sie anderswo seit Jahrhunderten etwa das protestantisch-pietistische Pfarrhaus vermittelte, das – vom Buch der Bücher ausgehend – auf die Mündigkeit der Menschen abzielte...

»Kultur für alle.« Darauf haben sich auch in Oberschwaben zumindest die Städte eingeschworen. Kultur hat Konjunktur. Dabei umfaßt der heutige Kulturbegriff alle Lebensformen bis hin zur Eßkultur und zum »Bewegungserlebnis Radfahren«. Demnach müßten die Kulturetats die größten von allen sein; sie sind aber, nimmt man Biberach aus, nicht erst seit der Rezession, die kleinsten. Und freilich sind die Kulturreferenten als Gesellschaftstherapeuten geistig wie politisch überfordert. Oft muß es bei Organisation und Geldbeschaffung bleiben. Zunehmend eröffnen, seit die Frage der Lebensqualität als Politikum im Raum steht, Landräte und Sparkassenfilialdirektoren kulturelle Veranstaltungen. Kurz, die Kultur ist los, das bringt Kommunikation, läßt den hausgemachten Alltag samt dem bedrohten Planeten vorübergehend vergessen. Unsere Mittelmaßgesellschaft, die alles hat und sich nach anderem sehnt, nimmt die »multikulturellen« Sinnangebote auf, das Behagen an der Kultur wächst und wächst; wobei die rezeptiven, die kulinarischen Künste, am beliebtesten sind, und freilich der Freizeitvertreib in jederlei Form. Die Volkshochschulen florieren. Und die einstigen Kornspeicher, die Schrannen – ob in Ravensburg, Weingarten, Bad Waldsee, Leutkirch, Biberach oder Ulm – sind Speicher von Geistesfrüchten geworden.

Daß es nirgendwo sonst in Baden-Württemberg eine solche Fülle und Vielfalt künstlerischer Aktivitäten gebe wie in Oberschwaben, attestierte uns sogar ein für dieses Ressort zuständiger Minister. Aber nicht nur örtliche Kunstvereine, Museen und Galerien betreiben Kunstförderung; auch Land, Landkreise und Städte nehmen mit ihren Ankaufsprogrammen da und dort einen Künstler mal an die Zitzen, und begehrt ist der Oberschwäbische Kunstpreis des Zweckverbands Oberschwäbischer Elektrizitätswerke. Scheinbare Zweckfreiheit heiligt die Mittel eben gesteigert, man denke an den Skulpturenpark in Altshausen oder die »Kunst im Rasthaus« an der Autobahn. Während die Dörfer – saniert oder nicht – dahinöden mit ihrer inzüchtigen Vereinstümelei, werden in den Städten Konzerte, ganze Festivals, Theater- und Filmtage gefördert, Volks- und Laientheater. Sogar die ehemals alternativ genannte Szene – von der Disco über die Kulturkneipe bis zum Zeltfestival – wird einkalkuliert. Kultur für alle!

Zum Beispiel Saulgau: Seinerzeit angeregt von Kulturoffizieren der französischen Besatzung, hat sich die 1947 gegründete »Fähre« mit ihren Ausstellungen entschieden profiliert. Während die Galerien anderer Kleinstädte allzu oft das gerade Gängige bieten, das landauf landab Auswechselbare (oder gleich Kitsch), hat sie es sich zur Aufgabe gemacht, konsequent die Kunst des süddeutschen Raums zu pflegen; wobei erstaunlich ist, wieviel Werk von überregionaler Bedeutung die Hand Bruno Effingers jahrzehntelang herbeigeholt hat.

Oder Mochental: ein Kunstzentrum besonderer Art, das seit 1985 der Kißlegger Galerist Ewald Schrade zusammen mit seiner Frau, der Malerin Dorothea Schrade, in dem Barockschloß bei Ehingen aufgebaut hat. Auch sie verzichten nicht auf Regionalbezug (das zeigt schon die Stiftung eines jährlich zu vergebenden, an den Riedlinger Barockmaler erinnernden »Franz-Joseph-Spiegler-Preises«). Stille Größen wie Erwin Henning stehen – darin der kleineren Saulgauer »Fähre« vergleichbar – ebenso auf dem Programm wie große Namen, von Otto Dix, Erich Heckel, HAP Grieshaber bis zu Georg Meistermann oder Shmuel Shapiro. Günter Ueckers Nagelwerke oder Hausers Stahlplastiken werden den barocken Interieurs konfrontiert. Aber auch jüngere Künstler wie Robert Schad, Jürgen Reipka, Helmut Sturm finden in Mochental viel Raum – und Publikum.

Um die 30 000 Ausstellungsbesucher, teils von weit her, sind inzwischen während der Sommermonate zu zählen – und das ist beileibe der bessere Tourismus. Nebenbei bringt der Bau, einst Propstei und Ruhesitz der Äbte von Zwiefalten, noch ganz von Natur umgeben, dem sensibleren Besucher eine zusätzliche, zeitüberspringende Erfahrung: Ob er Expressionisten betrachtet, Konstruktivisten oder Neue Wilde – stets hat er zwischen den Bildern die Landschaft im Fenster, und er merkt rasch, wie die Werke nicht nur gegen das barocke Innere, sondern zugleich vor der Landschaft bestehen müssen.

Zum Beispiel Wilhelmsdorf: Von Ravensburg her steht am Ortseingang ein gelbes Gebäude: die »Kulturscheune«. In ihr werden Klassiker von Pirandello bis Dürrenmatt inszeniert, gibt es Filme, Ausstellungen, wird musiziert und getanzt. Hier ist das Forum des Wilhelmsdorfer Kulturvereins (vergleichbar dem »Spektrum K« in Bad Waldsee), der 1983 aus einer studentischen Theatergruppe hervorging. Er engagiert alle Gruppen auf privater Basis (mehr als 1000 Mark darf kein Engagement kosten), arbeitet oft mit andern Vereinen zusammen, sei es mit dem Bund für Vogelschutz oder mit kirchlichen Gruppen. Der Ausbau der Scheune hatte 320 000 Mark verschlungen, von der Gemeinde (nur rund 3500 Einwohner), dem Land und von Privatleuten zu je einem Drittel getragen.

Oder Weingarten: Da hat doch die Stadt, Kultursubstanz voraussetzend oder für machbar haltend, mit 18 Millionen Mark ein Kulturzentrum errichtet und gleich noch ein Kongreßhotel für 11,5 Millionen angegliedert, das von der Mövenpick-Hotelgesellschaft betrieben wird. Lothar Späth hat die Verbindung des Kulturbaus mit internationalem Management und mit Beteiligung von Bürgern als Investoren in einer »Konferenzhotel Weingarten GmbH & Co. KG« (!) als »interessante Konstruktion« bezeichnet, mehr noch: »als beglückende Lösung«. Und die Kultur? Man wird es machen wie im kulturarmen, reicheren Friedrichshafen: Kulturwochen, Festivals, Mammutveranstaltungen – die Leute werden schon kommen, oder auch nicht. Bezahlte Kongresse sind jedenfalls risikosicher.

Noch einmal Biberach, das zwar kein »Kulturzentrum« hat, aber eines ist. Das noch mehr, seit ein mutiges, souveränes, mit frischen Ideen wirkendes Stadtoberhaupt jene typisch abderitische Philosophie ins Wanken brachte, welche die Begrenztheit liebt und so tut, als sei sie die Welt. Zugegeben, das Kulturleben an der Riß hat Tradition – und zu dieser gehört nicht zuletzt die Präsenz des Schlosses Warthausen. (Um so schlimmer, daß die Stadt zusah, wie das Kulturdenkmal für eine lächerliche Summe den Besitzern unterm Hintern weggekauft wurde. Ist das nicht widerrufbar?)

Beweis gleichsam für die besagte Tradition: das Theater. Von der bereits 1686 begründeten »Gemeinsamen bürgerlichen Komödianten-Gesellschaft«, die nach und nach alle 21 von Wieland übersetzten Shakespeare-Dramen spielte, löste sich – weils die Parität so wollte – 1725 die »Katholische bürgerliche Komödianten-Gesellschaft« ab, und 1804, nach dem Ende der Reichsstadtherrlichkeit, taten sich, von der Regierung verfügt, beide wieder zusammen zum »Dramatischen Verein«, der noch heute besteht. Dessen Komödienhaus, die alte »Schlachtmetzig« (Schlachthof live!), wurde neuerdings, wohl auch fürs Schützen-Theater und die Theater AG der Volkshochschule, renoviert. Und nicht zuletzt: Innerhalb der cineastischen Wüste ist Biberachs Filmszene eine Oase mit Filmwochen und Filmfestspielen, zu denen alljährlich namhafte deutsche Regisseure und Schauspieler kommen.

Kultur für alle? – Das hieße allerdings auch die Dörfer bedenken, saniert oder nicht, mit ihren öden »Mehrzweckhallen«, genutzt für Vereinsjubiläen mit obligater Blasmusik; während das letzte Wirtshaus dahinsiecht, weder Kino noch Volksbildung stattfindet, und wenn's hoch kommt einmal im Jahr die Laienspielgruppe einen Dorfschwank aufführt. Ansonsten wie eh und je das Szenario kirchlicher Feiertage.

Wie auch immer – Oberschwaben ist unerschöpflich. Mehr Himmel als anderswo, mehr Mittelalter und mehr Barock. Eine Gegend, in der das Gestern gerade noch Gegenwart ist und die Gegenwart nicht ins Zukunftslose wegtaumelt. Hier läßt sich – im Spannungsgefüge zwischen Bauernland und Industrie, Natur und Kunst – noch Leben erfahren aus Jahrhunderten. Ein Reservoir. Und nur wer eine Region versteht, kann größere Lebensräume begreifen. Gewiß, immer mehr Entwicklungen sind jetzt von überregionaler Art; die sich wandelnde Bevölkerungsstruktur zielt auf »multikulturelle« Erweiterung. Jedoch Oberschwaben gestaltet diese auf seine Weise. Mit Eigen-Sinn. Das ist, was gilt. Das bewahrt die Anmut und macht das Land, trotz allem, liebenswert – gar im Vergleich mit dem großen Rest der Welt.

Das Rathaus in Biberach
The town hall in Biberach
L'hôtel de ville de Biberach

Der ehemalige Landrat Dr. Walter Münch
Dr. Walter Münch, former administrative head of the district
L'ancien «Landrat» (sous-préfet) M. Walter Münch

Das Komödienhaus in Biberach
The comedy theatre in Biberach
Maison de la comédie à Biberach

Der Schriftsteller Ernst Jünger
The author Ernst Jünger
L'écrivain Ernst Jünger

Der Schriftsteller Martin Walser
The author Martin Walser
L'écrivain Martin Walser

Das Wieland-Zimmer im Schloß Warthausen
The Wieland room in Castle Warthausen
La salle Wieland au château de Warthausen

Die Dichterin Maria Menz mit Werner Dürrson
The poetess Maria Menz with Werner Dürrson
La femme poète Maria Menz avec Werner Dürrson

Am Fuß des Bussen
At the foot of the Bussen hill
Au pied du Bussen

Literatur zu Oberschwaben

Aicher, Otl, Innenseiten des Kriegs. Frankfurt am Main 1985.

Bischoff-Luithlen, Angelika, Der Schwabe und die Obrigkeit. Mit einer Einführung von Hermann Bausinger. Stuttgart und Aalen (1978).

Buck, Michel R., Medicinischer Volksglauben und Volksaberglauben aus Schwaben. Ravensburg 1865.

Dehio, Georg, Handbuch der Deutschen Kunstdenkmäler. Baden-Württemberg. Bearbeitet von Friedrich Piel. München, Berlin 1964.

Ebert, Karlheinz, Bodensee und Oberschwaben. Zwischen Donau und Alpen... Köln (1985).

Gladewitz, Joachim, Riedlingen. Ein Porträt von Stadtbild und Landschaft, Geschichte und Kultur. Riedlingen 1976.

Hahn, Joachim, Erinnerungen und Zeugnisse jüdischer Geschichte in Baden-Württemberg. Herausgegeben von der Kommission für geschichtliche Landeskunde und dem Innenministerium Baden-Württemberg. Stuttgart 1988.

Heuschele, Otto, Oberschwaben – Landschaft und Städte. Frankfurt am Main (1975).

Kiefer, Wilhelm, Schwäbisches und alemannisches Land. Essays über Städte und Landschaften. Weißenhorn 1976.

Holzberger, Rudi (Hg.), Oberschwaben. Bilder, Berichte, Reportagen. Ravensburg 1988.

Kimmig, Wolfgang, Die Heuneburg an der oberen Donau. Stuttgart 1983.

Klee, Ernst, »Euthanasie« im NS-Staat. Die Vernichtung lebensunwerten Lebens. Frankfurt am Main 1983.

Köhler, Adolf u. a., Oberschwaben – Gesicht einer Landschaft. Ravensburg 1971.

Kopfermann, Elfriede, Wieland und Biberach – Biberach und Wieland. (Wissenschaftliche Abhandlung zur II. Dienstprüfung, masch.-schriftl.). Biberach 1955.

Kramarczyk, Ludwig und Wolf-Christian von der Mülbe, Kunst-Landschaft Oberschwaben. Würzburg (1986).

Morlok, Karl, Wo bringt ihr uns hin? »Geheime Reichssache« Grafeneck. Stuttgart 1985.

Nagel, Adalbert, Armut im Barock. Die Bettler und Vaganten Oberschwabens. Weingarten 1986.

Oberhauser, F. und G. (Hg.), Literarischer Führer durch die Bundesrepublik Deutschland. Frankfurt 1974.

Oberschwaben – Porträt einer Landschaft. Aufnahmen von Toni Schneiders und anderen Lichtbildnern. Text von Siegfried Krezdorn und Walter Münch. Konstanz und Stuttgart (1963).

Durchs Oberland. Ein geographisch-landeskundlicher Exkursionsführer. Herausgegeben vom Oberschulamt Tübingen. Leutkirch 1989.

Pflug, Johann Baptist, Aus der Räuber- und Franzosenzeit Schwabens. Die Erinnnerungen des schwäbischen Malers aus den Jahren 1780–1840. Neu herausgegeben von Max Zengerle. (Weißenhorn 1975.)

Pflummern, Joachim I. und Heinrich VI. von, Altbiberach um die Jahre der Reformation. Bearbeitet von Albert Angele. Biberach 1962.

Rothermel, Eberhard und Thomas Stephan, Oberschwaben. Stuttgart 1987.

Troll, Thaddäus, Preisend mit viel schönen Reden. Deutschland deine Schwaben – für Fortgeschrittene. Hamburg 1975.

Ziegler, Bernhard, Der schwäbische Lindwurm. Funde aus der Urzeit. Stuttgart 1986.

Die genannten Publikationen wurden vom Verfasser dankbar zu Rate gezogen. Hilfreich waren Anregungen von Prof. Julius Kaesdorf, Dr. Walter Münch, Barbara und Herbert Sonnewald, Ingrid Hahn, Dr. Gisela Linder und Mario Katz. Ihnen und noch anderen sei Dank. Nicht zuletzt Dr. Franz Schwarzbauer für seinen redigierenden Beistand. Werner Dürrson

Der Fotograf möchte besonders den Familien Kaesdorf, Kleiner und Moog danken, deren Gastfreundschaft und Wissen mehr als hilfreich waren. Peter Horlacher

Weitere Fotos haben beigetragen: Braith-Mali-Museum Biberach (S. 115 oben, 116, 121); Stora Billerud GmbH (S. 96/97); Max Weishaupt GmbH (S. 108/109); Winterhalter Gastronom GmbH (S. 100/101).
Abbildungen S. 134, 135 unten, 136, 137 links mit freundlicher Genehmigung der Württembergischen Landesbibliothek Stuttgart.